U0882462

珍藏本
纪念版

汉译世界学术名著丛书

阿奎那政治著作选

马清槐 译

商务印书馆
SINCE 1897 The Commercial Press
2017年·北京

本书译自拉丁文、英文对照本《阿奎那政治著作选》(*Aquinas Selected Political Writings*),原书由唐特雷佛(A. P. D'Entrèves)编辑并撰写序言,道逊(J. G. Dawson)译成英文,牛津巴西尔·布拉克威尔(Basil Blackwell)书店1954年出版。

汉译世界学术名著丛书
（120年纪念版·珍藏本）
出 版 说 明

2017年2月11日，商务印书馆迎来120岁的生日。120年前，商务印书馆前贤怀揣文化救国的理想，抱持“昌明教育，开启民智”的使命，立足本土，放眼寰宇，以出版为津梁，沟通中西，为中国、为世界提供最富智慧的思想文化成果。无论世事白云苍狗，潮流左右激荡，甚至战火硝烟弥漫，始终践行学术报国之志，无改初心。

迻译世界各国学术名著，即其一端。早在20世纪初年便出版《原富》《天演论》等影响至今的代表性著作，1950年代后更致力于外国哲学和社会科学经典的译介，及至1980年代，辑为“汉译世界学术名著丛书”，汇涓为流，蔚为大观。丛书自1981年开始出版，历时三十余年，迄今已推出七百种，是我国现代出版史上规模最大、最为重要的学术翻译工程。

丛书所选之书，立场观点不囿于一派，学科领域不限于一门，皆为文明开启以来，各时代、各国家、各民族的思想与文化精粹，代表着人类已经到达过的精神境界。丛书系统译介世界学术经典，引领时代思想，为本土原创学术的发展提供丰富的文化滋养，为推动中国现代学术和现代化进程做出了突出的贡献。

为纪念商务印书馆成立120周年，我们整体推出“汉译世界学术名著丛书”120年纪念版的珍藏本，寄望既利于文化积累，又便于研读查考，同时向长期支持丛书出版的译者、编者和读者致以敬意。

两甲子后的今天，商务印书馆又站在了一个新的历史时间节点上。我们不仅要铭记先辈的身影和足迹，更须让我们的步伐充满新的时代精神。这是商务人代代相传的事业，更是与国家和民族的命运始终紧密相连的事业。我们责无旁贷，必须做好我们这代人的传承与创造，让我们的努力和成果不仅凝聚成民族文化的记忆，还能成为后来人可以接续的事业。唯此，才能不负前贤，无愧来者。

商务印书馆编辑部

2017年10月

托马斯·阿奎那的政治思想

吴 恩 裕

一

托马斯·阿奎那(Thomas Aquinas，1227—1274)[①]是西欧中世纪一个重要的政治思想家。他的著作不但卷帙浩繁，而且把一切知识都纳入了他的神学体系之中，一个现代读者读起来很不习惯。这本《阿奎那政治著作选》摘录出阿奎那关于国家和法律的主要观点，对于初读他的著作的人是很方便的。不足的是，阿奎那本来是经院哲学的巨子，从摘录中却无法看出他的繁琐的论证方法。但这似乎也是两件不可得兼的事情：既简要就不能窥全貌。

阿奎那生前是天主教的重要理论家，死后被尊为“圣人”。哲学界承认他是经院哲学的大师，资产阶级政治学家也一向认为阿奎那的政治和法律论点是中世纪典型的政治和法律观点，当代资产阶级学者也对阿奎那倍加赞扬。萨宾(George H. Sabine)在他的很受英美政治学界推重的《政治学说史》[②]里说：“托马斯的哲学

① 阿奎那的生平，略见本书唐特雷佛的《引论》，兹不再赘。

② 萨宾是美国康奈尔大学的教授，他的长达五十万言的《政治学说史》甚为英美资产阶级学者所推重。该书 1937 年在纽约出版，1959 年有修订版。

极其成熟地表达了中世纪文明所依据的道德的和宗教的信仰。"[1]至于以梵蒂冈为大本营，以在美国的马利坦(J. Maritain)、克拉克(Clark)等人为主要代表的新托马斯派，[2]则竟欲恢复中世纪的蒙昧主义以神学的论据来为帝国主义国家的法西斯统治辩护了。

因此，我们翻译阿奎那的著作，不仅具有历史的意义，也有现实的意义。中世纪文明的基础到底是什么？阿奎那对于那个基础持的是什么态度？解答了这些问题，自然就得出了阿奎那的历史估价。另外，阿奎那的哪些学说为当代新托马斯主义者所继承？这些学说为什么到现在还能起作用？起的是什么作用？这也都是我们在当代无产阶级和资产阶级思想战线上的斗争中，必须解答的问题。

二

天主教在中世纪的西欧封建社会中具有压倒一切的势力，它几乎影响到人类的每一种活动。用天主教这种道德的和宗教的信仰解释历史发展，便是一种宗教的或唯心的历史观。资产阶级的历史哲学家把天主教视为中世纪历史发展的基础或推动力量，是倒果为因的、反科学的看法。

不错，天主教在中世纪的影响面的确是很广的。它不但支配了人类的精神生活，而且也渗透到人们物质生活的各个方面。它

---

① 见该书第257页。

② 新托马斯主义是当代极其反动的资产阶级法学派别之一，以下在第六节还要论及。

几乎垄断了人们的信仰，它用神学解释哲学并且控制了哲学，从而把“哲学变成宗教的侍婢”，它阻碍了科学的发展，它控制着（至少在它的盛世是如此）政治，在一定的意义上，它也影响了中世纪的经济发展。其他方面的社会生活，如婚姻、商业等等，也几乎没有它不渗透到的范围。天主教的影响这样普遍，难道它还不是中世纪文明的“基础”么？难道没有它，中世纪的文明还能够向前发展么？

我们的回答是：尽管天主教在中世纪的影响很大，渗透面很广，但它究竟是一种社会意识形态：它虽然影响了许多人类活动，但是它本身却也受着旁的力量的决定。那决定天主教的成长和发展的便是中世纪“取得其生活资料的方式”。马克思在《资本论》中的一个注文里写道：“他们取得生活资料的方式……说明了为什么……天主教在那里占主要地位。”[①]换句话说，天主教之所以在中世纪具有优越的地位，是与它在当时的封建经济制度中所占的特殊地位分不开的。

中世纪的经济以农业为主，土地都为少数地主所私有；农民隶属于地主，缴纳贡赋，并且负担繁重的义务。封建领主对农奴的剥削是残酷的。除了世俗的封建主以外，教会在中世纪也是大的土地所有者，教皇则是最大的领主，最肥沃的土地都掌握在他们手里。由于教会在经济上这种占优势的地位，所以它们逐渐也取得了政治上的优势地位。从公元 9 世纪起直到 13 世纪，虽然教权与政权在不同的时间和不同的地区有过互争长雄的局面，但大致说来，这是一个教权逐渐上升终于达到高峰的过程。这一时期中古社

① 马克思：《资本论》第一卷，人民出版社 1953 年版第 66 页注文；译文略有改动。

会的发展是以封建领主对农奴的剥削和奴役制度为基础的。当时社会的基本矛盾便是封建领主和农奴两个阶级之间的矛盾，而教会、教皇则是重要的领主。他们之所以在当时社会各方面占“主要”、“优越”或“支配”的地位，完全是由于他们首先是经济上的支配阶级。没有这一经济上的统治地位，不用说对社会其他方面不会有那么大的影响，就是维持其本身的存在，也会成为问题。如果天主教会是仰赖着人们随意的布施来维持其存在的，他们就绝对不可能对当时的社会一切发生那么大的作用。由此可见，资产阶级历史哲学家认为天主教是中世纪社会的基础，完全是一种倒果为因的、反科学的看法。难道单凭天主教的“道德的和宗教的”信仰，就能维持对农奴的压榨，就能推动中世纪的社会向前发展么？

三

然而，天主教的宗教信仰在中世纪的社会中却不是不起任何作用的。有意制造一个包罗万象的神学体系的阿奎那，便是这种信仰的著名的阐释者。他用天主教的信仰代替知识：从神到人，从自然到社会，从教会到国家，他都囊括无遗地做了解释。对于阿奎那这一辩护整个封建制度的思想体系，本书中的“英译本编者序言”的作者唐特雷佛却认为是“超然的”，而且还说什么：这种超然的性质正是阿奎那的政治思想的“真正历史意义”所在。[①] 这是极其荒谬的说法。阿奎那一生的活动都是为僧侣统治阶级服务，他的著作自是这

① 见本书“英译本编者序言”。

种活动的一个不可分割的而且是主要的部分,怎么可能是“超然的”呢?在我们看来,阿奎那的学说尽管在各个方面都披着宗教的外衣而最后都归结到宗教,但是它的实质却是以维持封建剥削关系和僧侣的及世俗的封建统治为目的的。在本节我们先看看阿奎那对于奴隶制一般以及对封建所有制的看法是怎样。

阿奎那是承认并且拥护社会不平等的。在这一点上,他和他所推崇的亚里士多德的主张相同。[①] 但是亚里士多德是用世俗的理由来说明社会不平等制度产生的原因,而阿奎那则是远承几百年前那死后也被尊为“圣人”的奥古斯丁(St. Augustine)的说法,[②]认为:虽然神创造的人都是自由的、平等的,但是由于人的罪恶,所以神就使人沦为奴隶,作为对人们的惩罚。阿奎那又肯定,当时各个民族在万民法中规定了奴隶制度是合乎神的意旨的。阿奎那还把奴隶制和战争特别联系起来,而认为在战争中,战败的敌人被俘之后就成为奴隶。他虽然认为战争是“坏事”,但却是“必然的”坏事。那么,这逻辑就很明显了:人类不能避免战争,奴隶自然就会源源而来,这都是神的意思。这种对奴隶制一般的辩护,乃是阿奎那对于封建剥削关系态度的根据。

从这一观点出发,阿奎那自然是要极力拥护封建所有制的。他说:取得和处理物质财富〔当然包括土地在内〕的权力是完全可容许的。因为在他看来,人们对获得与其自身有关的东西的关心

---

① 参阅亚里士多德的《政治论》,巴克(E. Barker)的英译本,第一卷,第五、六、七章。

② 见他的《上帝之国》,《人人丛书》希利(J. Healer)的英译本,第十九卷,第十五章,第252—253页。

胜过对于与其他人共同的事务的关心；因为，当每个人都有其自己的事业要照料时，人们的事务就会处理得更有条理，而且也因为，如果各人都对自己的处境满意的话，私产便可以使人类处于一种和平的境地。[①] 阿奎那为私有制提出了这些辩护的"理由"之后，他又说："私有权并不违背自然法，它只是由人类的理性所提出的对于自然法的一项补充而已。"[②]私有权既然合于自然法，那就当然也合乎神的意旨：因为前者是受后者支配的。

是不是所有的教士都是私有制的辩护者呢？这却不尽然。往远些说，早期的基督教教义中便有公有制的主张。[③] 早期的基督教是公元1世纪时在罗马帝国中被压迫群众，如奴隶、解放的奴隶、贫民以及被罗马所征服或驱散的没有权利的各族人民的宗教。他们是被压迫、被剥削者，他们自然会有反对当时奴隶占有制的思想。距阿奎那的时代较近、十世纪中叶就开始了的异端运动"博哥米尔派"，[④]也是代表当时被剥削阶级的利益反对封建土地所有制的，认为这种制度是"魔鬼"建立的。这两种看法，虽然时代不同，却都是反对当时私有制的主张。他们对当时那种不平等的社会基础是仇视的、攻击的，他们所持的是显明地反奴隶制和反封建制的态度。阿奎那则恰恰相反，他不但拥护封建土地所有制，而且还反对公有制，说什么："只有在那些联合地和共同地占有某种东西的

① 见本书第149页。

② 见本书第150页。

③ 如见于《路加福音》、《使徒行传》中的某些语句。

④ 是首先发生于保加利亚的一个具有反封建实质的异端运动。请参看莫基切夫编的《政治学说史（简明教程）》中译本，第49页。

人们中间,才往往最容易发生纠纷。”①则阿奎那完全为封建经济基础服务的态度,已经极为明显,他的学说并非如本书《引论》作者所谓“超然的”,也自无待言。

四

阿奎那既然为封建领主对农奴的残酷剥削辩护,他当然就不能不极力拥护封建主的统治和法律。在阿奎那的时代,由于政权已经从属于教权,二剑论时期政教对峙的观点已成过去,他的工作只是怎样把政权和教权安排在一个统一的系统之内,俾证明这个合理,那个也就自然合理。这一工作,阿奎那是做了,而且资产阶级学者一向认为他做得很出色。我们且先看:在国家论中,他是怎样把亚里士多德的学说②和神学理论强拉在一起的,其次再进而分析他的法律理论。

一　在国家论方面,阿奎那采取了希腊政治思想中的国家起源观:认为国家是由于人性中彼此倚靠过同伴生活的自然需要而产生的。他模仿着亚里士多德说:“人是社会的和政治的动物。”③亚里士多德这一说法本来是和基督教义相抵触的,正如他的许多旁的主张和基督教义抵触一样。但是阿奎那却像他处理亚里士多德的其他主张一样,也用宗教的教义来解释亚里士多德这一说法。

① 见本书第149页。

② 阿奎那是著名的用宗教学说解释亚里士多德著作的人,下面还要论及。

③ 亚里士多德的原话是“人生来就是政治的动物”。见上引《政治论》第一卷,第二章。

他说:上帝是人和人性的创造者,社会和国家既然是由于人性的需要,那么,上帝才是政治权威的究极创主。世俗的国家起源论就这样地予以神学化了。对于国家的目的,阿奎那也采取并且引申了亚里士多德的说法。他把国家视为引导公民达到快乐而有道德的生活的组织。这还是亚里士多德的思想,但什么是"快乐而有道德的生活"呢?阿奎那认为:除了"丰裕的经济条件"、"维持和平"和"保持私有制"之外,上帝还给人类一个更高的鹄的——即,与上帝同在天国享受永恒的快乐。对于这一点,世俗的统治者是无能为力的。这就必然引到教权高于政权的结论:即必须具有神权才能负起这个责任。谁有神权?本来只有上帝——耶稣基督。但基督把这项责任交给了僧侣,特别是他们的总代表罗马主教。所以,这逻辑是极清楚的:人间的国王必须隶属于罗马主教,前者对待后者应该像他对待基督本人一样。

有着上述来源和目的的国家,阿奎那认为人们是应该在其中安分地过着和平、快乐而有道德的生活的。尽管在当时的封建社会中有着各个阶级和各个等级的不同,但这却无碍于人们各自实现其快乐而有道德的生活。因为人们必须了解:正如上帝创造宇宙万物原是有"高级"和"低级"之分而后者应该受制于前者一样,人类社会也有"上等人"和"下等人"之分,并且前者也应该统治后者。"犹如在一个人,灵魂是统治着肉体的,而在灵魂本身之内,冲动的和情欲的部分,则又受制于理性。"[①]肉体不服从灵魂是不可

① 见阿奎那的《君主权力的性质和责任》,原见《论君主政治》第一卷。引自考克尔《政治哲学选读》,英文本,第130页。

想象的，情欲不服从理性是要横决灭裂的。为了使国家不致陷于分崩离析，“下等人”服从“上等人”的统治是必要的，也是有益的。

在这里，我们充分看到：阿奎那如何用他那“神的形式阶梯”的说法来论证当时社会中的封建阶梯。谁是“下等人”呢？是农民和其他体力劳动者。谁是“上等人”呢？自然是那些僧侣和世俗统治阶级了。

二　法律是实现国家意志的工具，因此，阿奎那也不能不注意法律。他用下述四种法律赅括了支配宇宙秩序和社会秩序的法律：（一）神的成文法，即《圣经》；（二）神的自然法，即“神的理性本身”；（三）人的自然法，即“神的法律在人类理性中的反映”；（四）人的成文法，即“对自然法的确认”。我们知道，古希腊的思想家曾经把自然法视为一种“较高的法律”，一部分希腊思想家用这一法律来批判现行法律。近代资产阶级在反封建的革命中，也这样做过。自然法在他们都是最高的法律。可是，在阿奎那手里，自然法的地位降低了：在它上面还有神的法律。这样，人的法律，亦即各个国家的成文法的权威也就更为低下了。就来源说，人的法律尽管是由国家公布的法律，然而推其本源，也自然不能不认为它最后是导源于神的法律了。

阿奎那把人的法律界定为：“法律不是别的而是一种由管理社会的人所公布的、以共同福利为目的的理性的命令。”①当时实际的法律有实在法（Jus Civile）和万民法（Jus Gentium）二种。实在

① 阿奎那的《神学大全》第二卷，第一章，引自考克尔《政治哲学选读》，英文本，第128页。

法是根据自然法适应于某一特殊地点、环境，亦即某一特殊国家而特别制定的法律。万民法则是根据自然法而得出的一些普遍的结论。问题在于：无论实在法也好，万民法也好，它们是不是“以共同福利为目的”的呢？它们是否可以笼统地说是“理性的命令”呢？

就实在法而言，它包括的主要是一个国家中关于财产、债务、贡赋、服役、婚姻以及刑罚等问题。封建土地私有制在这种法律中是不可动摇的原则。维持这种制度对于占绝大多数人口的农奴们，显然是没有什么“福利”可言的，相反，却是他们的灾难。对于僧侣和世俗封建主们，维持这种制度倒是绝对有利的。这种法律可以说是他们的“理性”的“命令”，农奴们显然是不会具有这样的“理性”，发出这样的“命令”的。可见，所谓“共同福利”是不符合事实的。

就万民法来说，仅据阿奎那所承认的万民法的优点之一——奴隶制的确认，就可以看出：这种法律的基础也是建筑在当时各个国家的封建主的利益上面的。如果说这是受时代的限制不可能不有的现象和思想，那么，为什么像上文所提到的、在阿奎那出生三个世纪以前的异端运动“博哥米尔派”会反对奴役，反对残酷的封建剥削呢？再向远些说，为什么在古希腊会有如安提丰（Antiphon）[①]那种公开反对奴隶制的著作《论真理》[②]出现呢？

可见，阿奎那自是当时统治阶级的理论家，他的任务恰恰是在于掩盖国家和法律的阶级实质，他和近代资产阶级学者所不同的，

① 古希腊著名的反奴隶制思想家。

② 20世纪在埃及发现他的《论真理》一书的两页残简，恰好其中论及此点。

只在于他是用宗教的蒙昧主义而不是用世俗的理由来做掩盖的工具而已。他的目的无疑地也是为了巩固当时的统治机器，从而巩固封建剥削关系。

五

由此可见，阿奎那所阐释的“宗教理论”的确起了维护封建社会经济和政治法律的作用。他所努力的特别是在于从理论上调和13世纪存在的各种矛盾。例如封建领主与农奴之间的矛盾、政权与教权之间的矛盾以及所谓“知识和信仰”两者之间的矛盾等等。这些矛盾都是当时阶级斗争的表现。封建领主与农奴之间的矛盾是基本的矛盾，我们由第三节中可以看到：阿奎那完全是站在剥削者一边的，他是被剥削者农奴的敌人。他的手段是用神学的说辞来论证剥削制存在的合理，亦即合于神的意旨。政权与教权之间的矛盾在中世纪经常表现为主要的矛盾，它是世俗封建主和僧侣封建主之间的矛盾。阿奎那用他那使政权究极地从属于教权的主张，表明了他是站在僧侣阶级一边的。但是，只要世俗的统治者们尊重上帝代表人教皇的意旨，则他也是站在他们一边的。因为这个矛盾只是统治阶级内部的矛盾，作为被治者的人民才是真正的对立面。至于“知识与信仰”的矛盾，其实质内容也是以统治阶级内部的矛盾为主的。在政治思想方面，信仰是指对于统治与服从关系的宗教解释，也是指世俗的统治仍须服从更高的神的统治；知识则指亚里士多德对于政治权力的世俗看法。由于原封不动的亚里士多德主义对于宗教是不利的，所以阿奎那便从各个方面把亚里士多德的《政治论》和《伦理学》中的许多主张，予以宗教化。在加以引申之后，在世俗的政治法律理论之上冠以宗教的渊源和目的之后，“危险的”亚里士多德学说就变成无害的和为教皇统治服务的了。而这个所谓“知识和信仰”的矛盾也就解决了。在理论上几乎把一切矛盾都做了对僧侣和世俗统治阶级有利的“解决”的人，难道还不被统治阶级尊为“圣人”么？然而对人民，特别是当时处在被压迫最底层的农奴，阿奎那的工作则是在世俗统治的枷锁之外，又加上了一副精神统治的桎梏。

六

过了三个多世纪，当西欧首先在尼德兰，继而在英国和法国发生了资产阶级革命的时候，宗教在世俗生活上失去了统治地位，而沦为近代资产阶级所建立的国家的一个部门。破除迷信，反对神权政治学说，总之，反蒙昧主义，已经是资产阶级革命的一个口号。像阿奎那这样的角色不但不是他们喜爱的人物，用神权来说明政权，如菲耳默（Robert Filmer）的《父权政治论》[①]等等，反而是他们，如洛克（J. Locke），驳斥的对象。[②] 这并不奇怪：资产阶级既已在经济势力上强大到足以推翻封建王朝并取而代之的地步，他们当然就要扫除那些替它们辩护的谎言和骗人的迷信了。他们自己也制造了一套资产阶级学者自称为“近代自然法的理论”。这一

① 1887 年在英国出版。

② 英国的政治思想家洛克的《政府二论》其中的第一篇论文，便是专门驳斥菲耳默的。

"理论"的特点是:第一,摆脱了自然法的神学解释,而予之以世俗的说明;第二,用资产阶级为模特儿,用它的思想、感情、愿望,形成资产阶级的"人性论",把它作为自然法的内容。那就是说,凡是资产阶级的要求,便是"人性"的要求,也便是自然法的要求,如自由、平等、资本主义私有制等等。但是,在资产阶级推翻封建统治时期所用的这一理论武器,到了他们自己登上了统治宝座的时候,便感到对它自己不利了。因为,新的被剥削阶级也可以要求自由和平等,也可以争取他们的"天赋人权"。这样,新建的资本主义国家就采取限制劳动人民的基本自由、巩固由资本主义私有制所造成的新的不平等一类的反动政策。他们的理论家,如边沁(J. Bentham),也同时喊出反对自然法的口号,说什么:在目前再有人搬用那种"虚构"就会被人骂做"僭越"或"欺骗",如果再有人提出这类新的虚构学说,那就是一种"罪恶"。[①] 这也是不足为怪的。因为,上面已经说过了:自然法的学说对于已经当权的资产阶级是不利的。对他们来说,实在法,亦即他们制定的法律,便是唯一的法律,违背了它就必须用强力来惩罚——镇压。

发展到了20世纪的今天,却似乎有了令人奇怪的事情出现。那就是,在某些发达的资本主义国家里,阿奎那的主张却又死灰复燃起来。在西欧的许多国家,特别是在美国,都出现了一批所谓"新托马斯主义者"。他们认为阿奎那乃是"当代的使徒",[②]他的学说简直是"为现代写出的"。而在资产阶级的法学家中,也有所

① 引自边沁的《政府片论》英文本第一章,第三十七节。

② 马利坦:《圣·托马斯·阿奎那》1931年英文版,引自爱本斯坦《政治思想面面观》第126—146页。

谓“复兴的自然法”一派，他们所“复兴”的是阿奎那的神学化的自然法观念。难道这不奇怪么？

稍经分析之后，就会知道阿奎那自然法观念的“复兴”，是很自然的事。当资产阶级尚未取得政权的时候，他们利用自制的自然法理论为反封建的思想武器。他们取得了政权之后就不再提倡以至禁止这种学说了。其原因就是在于：他们已由进步的革命阶级一变而为保守的、镇压革命的阶级了。他们革的是封建阶级的命，他们镇压的是劳动人民对他们的革命。他们只需要人民严格遵守他们上台以后所制定的法律，亦即实在法。劳动人民愈来愈强大，他们也就愈来愈反动。当他们发现当初他们自己在劳动人民的压力下所制定的某些“民主”的法制与他们的利益违反的时候，他们就千方百计地想对抗和镇压人民群众要求实现那些法制的运动。

他们的方法之一是：不承认成文法是法律：法律主要地在于“对于法院判决的预测”，[①]在于“法官的预感”。[②] 比如在美国以霍姆斯和庞德为代表的“社会法学派”以及以弗兰克和列维林等为代表的“现实法学派”，便是主要的例子。总之，这是统治集团用给予法院或法官无限的“自由裁量”权力的办法，来让自己御用的法官做出尽管实质上违背了现行法律却对自己有利的镇压工人运动的判决。

他们的另外一个方法便是在实在法之上再找一个“较高的法律”，而这个比实在法高的法律却又是对他们有利的。找什么呢？

① 这是美国法学家霍姆斯的话。

② 这是美国法学家弗兰克的话。

自己祖先——资产阶级革命时期的自然法论者——对自然法的解释,已经是对自己极其不利的了;最好的办法是与有历史宿嫌的教士言归于好,采取那早在19世纪末叶就被宣布为"唯一的和不可反驳的"阿奎那的宗教哲学。在这种哲学中,如以前各节所述,人为的实在法不过是他的由四种法律组成的体系中的一种,而且是最低的一种。在它之上还有"自然法"、"神法"等等较高和最高的法律。由于那些法律都不是写出来的法律,所以不但阿奎那所讲那些法律的具体内容可以拿来替垄断利益辩护(如拥护私有制的自然法和神法的论据),而且可以借以批评那些妨碍资本家统治的各种社会制度、措施和现行法律。有一个资产阶级法学家曾经公然地叫喊:这种"复兴的自然法"的"主要目的就是为了粉碎实在法"。[①] 他们所要"粉碎"的实在法当然不是帝国主义国家体现垄断集团利益的那部分实在法,反之,乃是不利于这个集团的实在法。他们"粉碎"的方法便是宣布那部分与人民群众基本权利有关而对于垄断统治不利的法律为"不合法"——即不合自然法和神法。这种以较高法律和最高法律来否定现行法的办法,正是阿奎那当年为僧侣统治权辩护的伎俩。所不同的是,在中世纪,阿奎那这一学说是为作为统治者之一的僧侣统治者教皇服务,而现代的新托马斯主义则是为世俗的也是唯一的统治集团垄断资本家服务而已。如果说托马斯主义是为上帝服务的,那么,中世纪的教皇实质上就是它的上帝。如果

① 见赫赭尔特《法学通论》1948年布鲁塞尔版,第278—279页。引自图曼诺夫《现代资产阶级法学理论的批判》,法律出版社1959年版,第60页。

说新托马斯主义也是为上帝服务的，那么，垄断集团就是它的上帝。

1962年12月

目　次

第一部分　政治论文

第二部分　哲学著作选辑

英译本编者序言

一、研究政治的方法

生平的详细事迹与解释圣托马斯·阿奎那的政治思想很少有什么关系,或者可以说根本没有关系。他的学者气派的平静的一生,是在修道院和教室的比较与世隔绝的环境中度过的,他在1224年年终或1225年春生于那不勒斯附近罗卡塞卡堡(Castle of Roccasecca)的意大利南部一个有势力的贵族家庭里。他最初向卡西诺山(Monte Cassino)的圣贝尼狄克特教团的僧侣学习,继而入那不勒斯大学求学。虽然他的家庭剧烈反对,他在二十岁的时候参加了圣多米尼克教团。作为多米尼克教团的修道士,他被派往巴黎,从伟大的亚尔培特[①]研究哲学,并于1248年随之赴科伦。他于1252年回巴黎完成神学的研究,在1256年取得教师资格——恰好是在后世以圣波那文都拉(St. Bonaventura)这个名字闻名的他同时代的意大利人斐丹萨的约翰(John of Fidanza)取得教师资格的同一天。他在巴黎的执教生活只继续了三年。以后

① 伟大的亚尔培特(Albert the Great,1193? —1280),德意志哲学家、神学家、科学家和作家,曾在科伦和巴黎执教。——译者

他长期住在意大利，担任罗马教廷的随从人员。他在1269年回到巴黎以后，卷入了骚动一时的哲学论战。奥古斯丁主义和亚里士多德主义之间的大规模的斗争已到最后关头，而参加这场决战的正是圣托马斯·阿奎那。这几年是他的生活和活动的极盛时期。他于1272年回到意大利，主持那不勒斯的多米尼克教团的研究室。1274年3月7日，他在赴里昂宗教会议的途中死于福萨诺瓦的修道院，年尚未满五十。

我们不能希望这样的一个人和职业的政治理论家有很多共同之处。和他许多同时代的人不同，他避开动乱时代的纷争。他不像罗马的吉尔斯(Giles)那样成为君王或教皇的顾问，也不像但丁那样成为热情的爱国志士和党派观念极强的人。他同法国圣路易的友好往还的事迹也许是经圣徒言行录的作家们渲染过的。有人认为他是在那不勒斯王安茹的查理(Charles of Anjou)指使下被毒死的，例如但丁就有这样的想法，但这当然是一种难以置信的传说。然而，他不能不熟悉他当时的政治情况。罗马、巴黎、科伦和那不勒斯提供了在那里观察世界的有利地位。既然他是意大利人，他就像大多数的中世纪思想家一样，在所受的教育和见解方面，是完全欧洲式的。可是他的研究政治的方法却基本上是理论性的。它并不是从任何实际问题产生的。哲学的影响是决定性的因素。他对国家和政府的见解是从形而上学的前提推论出来的。

有人说不存在圣托马斯·阿奎那的“政治学”。圣托马斯没有留下完整的政治著作让我们可以系统地研究他的政治学，像我们可以利用亚里士多德的《政治学》或卢梭的《社会契约论》那样；从这个意义来说，上面的说法当然是正确的。《论君主政治》(De

Regimine Principum)这篇论文并不能够适应这方面的要求。只有第一篇和第二篇的一小部分可以肯定是圣托马斯写的。它们所包括的范围很窄,不能认为已经发挥得很透彻。这篇论文是为了教育君主而编写的,在体裁上模仿了中世纪相当流行的许多相类的教本。对于亚里士多德的《伦理学》和《政治学》的诠释,是个值得重视的知识来源。但是,除其中有些部分的真伪尚未能断定以外,对于亚里士多德的原文的经院式的阐述也使我们不易辨别哪些是圣托马斯本人的见解,哪些是他认为是原作者的见解。远为重要的材料可以在哲学著作中找到,即从对彼得·朗巴德①的《嘉言录》(*Sentences*)的诠释起,到皇皇巨著《神学大全》(*Summae*)为止。但材料是分散的和不连贯的,必须十分仔细地把这种片段从镶嵌它们的并使其获得意义的总的结构中分割下来。

可是,说圣托马斯没有政治学,这句话还有另一种更深刻的意义。同近代的研究方法相比,可以看出其间的差别是既远且广的。这是方法上的不同,是演绎法和与之相对立的归纳法的差别。这也是重要性的差别。我们已经深深地陷入一些个别的事例,陷入政治的实用方面,因此必须经过一番努力才能体会到,在我们的直接范畴背后还存在着一些比较一般的问题。中世纪的思想家们是始终记牢这些问题的。他们从头入手,不像我们这样从尾入手。而"在开头就有《圣经》":至高无上的价值尺度,善恶的标准。在圣托马斯看来,政治学是伦理学的一个部门。

① 彼得·朗巴德(Peter Lombard,1100? —1160),意大利神学家,曾任巴黎主教。——译者

这并不是说，他完全不注意专门事项和政治经验中的具体问题。在一个想要求得完整的体系中，每一个具体问题都必须找到它的合适地位，并且确实找到了这种地位。现在把分散的材料集拢起来并形成一套条理分明的理论是相当容易的。如果你不反对，我们可以把它称为圣托马斯·阿奎那的“政治学”。但是结果是令人失望的。圣托马斯所讨论的一些问题在现代人听来是异常陈腐的：不论是荣誉或光荣足以鼓励一个君主实施仁政；还是一个君主的权力可以与灵魂对肉体和上帝对宇宙的权力相比拟；还是不合乎正义的法律在良心上具有拘束力，等等。然而，甚至他的学说的这一方面也带有天才的特征。圣托马斯在处理实际的困难问题时表现了现实主义的精神和重视证据的作风，这和他某些同时代人或直接的前辈的空想比起来，是高明得很多的。我们只要约略看一下但丁的乌托邦，就可以弄清楚圣托马斯的政治思想的性质。中世纪的神学家所注意的是我们现在称之为社会学的范围而不是真正政治学的范围，我们多半不会料想他能具有上述的那种性质。但是，如果我们记住前面已经提到过的一般的态度，这种性质是我们能够解释并充分地加以重视的。而那种一般的态度又与对基督教的一个解释直接有关，这个解释直到现在还和圣托马斯的名字联系在一起。

这里不便对基督教的，甚至可以说是欧洲的思想史上托马斯主义的价值和意义作出充分的评价。但圣托马斯对政治的态度的全部含义，是可以根据那种态度所暴露的一些重大问题，即中世纪基督教所面临的问题来把握的。圣托马斯站在欧洲思想发展过程的十字路口。他的时代是个转变和危机的时代，并且那个危机在政治理论的领域也许表现得最为明显。让我们想法来了解当时什么东西遭到了危险。

我们一向喜欢认为中世纪是个伟大的宗教信仰时代。这个看法是正确的,但稍为有些令人误解。就它的精神生活而论,西方——直到13世纪为止——可以说是依靠那个时代的本钱过活的。基督教初期的圣徒的作品中传下来的伟大基督教传统,提供了一个可供沉思和讨论之用的取之不尽的论题的宝库。特别是,圣奥古斯丁的教义对于人生所作的解释非常适合于中世纪人们的超俗思想。基督教徒既然专心注意于向往天国的光辉,就只能认为尘世是个堕落的世界。的确,当时的历史不外乎是一篇双城记,它记述了人类的失败、宗教信仰的胜利,以及罪孽和赎罪。世间的城市国家必须按照一个合乎神意的神治国那样进行改造。这是对政治的一种悲观的看法,是切合我们对"黑暗时代"的传统见解的。

可是在圣托马斯的时代,那种悲观情绪受到各方面的责难。人们开始对自己做的工作感到自豪,怀疑他们的一切作为是否都有罪过。一种比较强烈的热情开始在西欧境内蔓延开来。新的观念和思想方法的影响正在形成以大学为中心的精神生活。对于从波仑亚传来的罗马法的研究已经给政府和政治揭示出新的前景。曾经长期被忽视的亚里士多德的一些著作又为学者所接触。一种陌生的和叛逆的哲学正在渗透过把阿拉伯世界同基督教世界隔开的铁幕。

构成圣托马斯的思想背景的哲学论争,在他对政治问题的研究方法上直接反映出来。这不仅是个决定亚里士多德的思想能否符合基督教对人生的解释的问题。它也是一个正确地解释亚里士多德的问题。以溯源于亚里士多德为标榜的阿维罗主义[①]的学说,在冲击着基督教信仰和基督教哲学的基础。从亚里士多德的篇章里,揭示出把国家看做人类最高成就的新的思想,认为这种成就能为人间变成天堂开辟道路。西方基督教世界从来没有遭到这么大的危险。有些人所提出的对付办法是直截了当地恢复神权政治的基础,否认世俗国家有任何存在的权利。圣奥古斯丁的毫不妥协的两端论法并不能够提供一个安全的避难所来防御外来的如此扰乱人心的学说。在后来的时代,在文艺复兴以后,当大部分的欧洲即将完全变成异教的世界时,新教将再度发现它是采取行动和进行改革的强大鼓舞力量。路德在心的圣堂里恢复了基督教信仰的基本价值。但他也把政治的领域完全放弃给武力的统治。这不是中世纪罗马天主教的答复。这不是圣托焉斯·阿奎那的答复。

圣托马斯对阿维罗派在解释亚里士多德方面所取得的胜利,曾被人们比作五百年前查理·马特尔[②]对阿拉伯人的胜利。它甚至被中世纪的画家们当作一件大事庆祝过。但是这幅图景还有另一方面不能不加注意。它也是对于圣托马斯的许多前辈和同时代人顽固的奥古斯丁主义的胜利。这是健全的理智和进步的胜利。圣托马斯是他那个时代的精神及其最深切的愿望的最出色的解释者。对政治抱有比较温和的态度的某些令人宽慰的迹象,在中世

① 阿拉伯哲学家阿维罗(Averroes,1126—1198)所创立的学说。——译者

② 查理·马特尔(Charles Martel,689?—741),法兰克人的国王,在阿拉伯人侵入法兰西南部后,曾彻底击败哈里发手下的军队。——译者

纪的思想中,甚至在圣奥古斯丁的学说中也并不是完全没有的。难道国家不是由于负有保证世间和平(Pax terrena)的任务而赋有某种绝对的价值吗?难道它不是上帝的神旨和善意的一种表示吗?奥古斯丁的《天城论》(Civitas Dei)的想法已逐渐变成一个彻底浸染了基督教理想的社会的雄心勃勃的纲领。而在这个时候,由亚里士多德所揭橥的关于国家的异教观念,可以用来补充那个纲领并为它提供理论基础。当然,那个观念可能包含着真理的某些不变的因素。它也许使人有可能在天性中而不是在罪孽中探求国家基础的根源。它也许会让一个好的基督教徒也成为一个好的公民。

由此看来,圣托马斯的政治理论不过是他企图把亚里士多德主义同基督教义调和起来、把希腊时代旧的然而又是新发现的智慧同基督教义融合起来的伟大计划的一个方面。我们不必在这里研讨那些使得这个计划成为可能并保证它获得成功的条件。那些条件有的是和政治问题密切相关的,有的则和圣托马斯的整个哲学体系相投合。可是所有的条件都反映了托马斯思想中的一些很突出的特征,即对于平衡的真正人文主义的理解,力求在相反的两个极端之间保持均势的不懈的努力。

首先是关于政治的重要性以及关于那个在人类活动和思想范围内必须归因于政治的部分。怎样才能把《伦理学》和《政治学》中的理论同基督教对于人生的解释调和起来呢?圣托马斯的第一个答复是仔细地区别知识和行动的不同范围。如果我们要想了解这位中世纪哲学家准备在什么意义上接受亚里士多德关于政治无上重要这一想法,我们就必须经常记牢在《〈政治学〉诠释》的"导言"

中所强调的纯理论科学和实用科学之间的区别。[1] 沉思的生活与活动的生活之间的区别是《神学大全》的基石之一，我们也必须加以注意。[2] 不论多么重要，政治并不是人类智慧和行为的定论。人的最终目的，即无上的福祉(Perfecta beatitudo)，只有在来世才能达到，并将完全在于沉思。在今世，敦品励行和享受人与人之间的友谊，也不过是追求真理的助力。这就是拒绝按现代的含义来解释与基督教其余的精神生活有别的政治。

其次说到政治的性质，以及研究政治的全部用意。在这方面，《〈政治学〉诠释》也是能给人以启示的。政治的艺术只不过是一种单纯的技术。它不能够并且也不应当纯粹凭它的成就、凭效率和成功的标准来加以衡量。这是因为政治经常包含一种道义的责任、一种深谋远虑、一种决定、一种选择。它不是一门纯粹注意实用的学问。它是伦理学的一部分。这里不容许像现代这样推崇政治上的领导地位，虽然对于领导地位本身是予以适当的重视的。事实上，审慎是一种美德——有效的会议和正确的决定所具有的美德——并且这种美德只有在人们的领导工作中才能发出最灿烂的光辉。[3] 这意味着干练的政治家留有广阔的活动场所，但这并不是说，因为他有技能，他的一切行动都是正当的。圣托马斯的"政治上的审慎态度"同马基雅弗利派的"为了国家起见"(raison d'état)的说法并无多大关系。它所说的是手段的选择，但手段是

① 参阅本书第159—160页。

② 《神学大全》，第一部分之二，第三题，第五节；第六十六题，第三节；第二部分之二，第一百七十九题，第一与第二节；又第二部分之二，第四十七题，第二节。

③ 《神学大全》，第二部分之二，第四十七与五十题，各处；又本书第137页。

从属于目的的,而目的是个道德的目的。这个目的就是公共幸福,其价值高于个人和一家的目的,并且它也就是政治的应有的目的。

这样我们就重新回到目的和价值的问题上来,而现在的问题是:我们怎样才能了解那些目的和价值,我们将怎样决定它们的性质,特别是我们将怎样在一个由基督教理想所充分决定了的十分错综复杂的人生中来辨别它们并评定它们的适当地位?在这一点上,圣托马斯的学说同他全部哲学最后所依据的那些形而上学的前提相呼应,那是不足为奇的。因为,除非能够毫不含糊地分清什么是人靠自己的力量可以发现和实行的事情,什么是不靠超自然力量的帮助就无法完成的事情,否则人的本性便显然不会有扩展和表现的余地。古人的一切智慧都将毫无用处。人的世界又将为天国所并吞。可是,按照圣托马斯的说法,所揭示的基督教的真理是同理性的证明并不矛盾的。基督教生活的实践并不硬要人们放弃其人的身份所不可缺少的东西。理性和信仰、人性和超自然的价值在基本上是互相协调的。天恩不会取消本性而只会使本性完善(Gratia non tollit naturam sed Perficit):这是圣托马斯的理论的基本要点,或许也可以说是他的天才之笔和成功的根源。这个著名的公式表现了一种与早期基督教思想的猜疑和敌意迥然不同的对人生的态度。它表明了一种至今与西方基督教关系密切的心情。事实上,这是天主教对人生的一种解释,力求看出并了解人类的活动和思想的整个范围,给人生的每一方面都留有地位,但同时又把它们分派在一个有秩序的体系之中。圣托马斯认为天恩并不取消本性,而是使它更为完善,他的这种主张所表示的意思是:人类的价值和真理并不一定由于有了较高的价值和真理的发现而丧失其意义，它们不论多么朴素和低级，总还值得被认为是可以担当建设基督教文明这一重大任务的工具。它也表示承认理性和伦理价值的纯“自然的”领域是存在的，并且享有崇高的地位。这种基本上是属于人类的正义标准并不为罪孽所玷污，也不会融入神的绝对正义的光辉。它毋宁说是向实现基督教理想这一目标努力的长途攀登过程中的必要的第一步。这个正义标准在自然法中体现出来。

自然法学说是圣托马斯讨论政治时所环绕的中心。但这与较近时代在形成近代世界的过程中起了十分显著的作用的那种学说迥然不同。它和个人天赋权利的学说毫无关系。我们被要求作为出发点的，不是个人而是宇宙，是关于一个以法律为其最高表现的有秩序、有等级的世界的观念。自然法仿佛是架在把人和他的创造者隔开的鸿沟上的一座桥梁。它表示出人的尊严和权力，因为在所有被创造的生物中，只有人才被邀请在精神上和行动上参加宇宙的合于理性的体系。在这整个学说中存在着理性主义的倾向，但丝毫没有现代唯理论的那种傲慢的精神。正如胡克[①]所发现的，也存在着对于法的一种十分有趣的看法，认为法与其说是意志的表现，还不如说是理性的表现。自然法是一切实在法的楷范：所强调的是国家的责任而不是个人的权利。自然法是政治上忠贞不贰的基础，是赖以理解并确保社会政治关系的基础。

这样，亚里士多德的国家概念便被接受并放进经院派自然法

① 理查德·胡克(Richard Hooker，1554？—1600)，英国神学家，著有《教会行政法》五卷。——译者

概念的体系之中；这是不像乍看起来那么荒谬的结合，因为难道人的本性不是当时引起争执的问题吗？亚里士多德曾经提供了对于国家的合理解释。他认为社会和政治制度既然以人的本性为基础，就具有一种实在的价值。一位杰出的政治思想史家曾经指出，前人把社会和政治制度解释为原罪的结果和神的补救办法，而圣托马斯却没有在各方面直接地和绝对地反驳这种解释，这是很有意思的。对他来说，原罪及其后果的观念仍然是，并且不能不仍然是基督教的一个基本的信条。但原罪本身并没有使自然原则本身(ipsa principia naturae)归于无效。因此它的后果只牵涉到人的履行自然理性(naturalis ratio)的命令的可能性，而并不涉及他的能够了解那些命令的能力；换句话说，它的后果并不损害一个纯自然道德价值领域的存在，并且正是在这个领域中，国家才找到它的存在的理由(raison d'être)。我们的确可以说，在圣托马斯以前和以后，认为国家具有必要性和基础的那种不同的态度，是从对于人的本性所抱有的不同的看法产生的。托马斯·阿奎那并不认为国家大概是神单纯根据堕落的人类的实际情况而指定的一种必要的制度，而是仿效亚里士多德的办法，从人的本性得出国家的观念。但是在这里，自然法的观念以及自然法所表示的自然秩序与神的秩序之间和谐一致的想法，又为进一步的发展提供了坚实的基础。因为，亚里士多德的想法及其对于国家的"自然的"特性和作为人类本性的完成与终结的国家本身的地位提高的主张，实际上包含了对基督教关于存在着较高的、最后的价值以及单纯依靠人力不足以获得那些价值的思想的一种挑战。在圣托马斯看来，包含政治经验并充分为之辩明的自然秩序，只不过是认识一个较高秩序的条件和方法,因为自然法不过是上帝的永恒法的一部分。如果天恩不会取消本性(Gratia not tollit naturam),本性也当然不会取消天恩(Natura non tollit gratiam)。本性需要由天恩来加以改善。作为自然秩序的一部分的国家的行动,必须被认为是在神支配世界的总的体制之中,并完全服从那种支配。这种清晰的分界使圣托马斯有可能企图把古典的国家观念同基督教的国家观念调和起来。在这些划分得很清楚的界限内,并以这些考虑为条件,亚里士多德的思想影响引起了中世纪政治思想的一次深刻而彻底的革新。

二、政治义务

如果说政治制度是"自然"道德的一个方面,这意思就是说,国家存在的理由和政治义务的基础必须在人的本性中寻求。这正就是圣托马斯从亚里士多德得来的主导思想。每逢圣托马斯谈到政治问题时,他一再重复使用的话语是:人天生是政治的和社会的动物(如亚里士多德所说,如《政治学》第一篇所论证的那样,等等)。这句话是重要的。摩尔贝克的威廉(William of Moerbecke)所翻译的《政治学》拉丁文本,是圣托马斯关于亚里士多德的著作的知识来源,威廉用"社会动物"(animal civile)这个字眼翻译了亚里士多德所用的 πολιτικόν ζῷον(政治动物)。圣托马斯在其《〈政治学〉诠释》一文中始终采用这个词儿,但他在其他一切著作里则一直用"政治的和社会的动物"。问题倒不在于这个词是否更正确地传达了亚里士多德的思想。值得注意的是他强调了政治的社会性。人是社会动物，所以他才是政治动物。这意思就是说，国家必须以社会经验为基础，它不能是或不能单纯是由人类意志产生的。国家不是一件艺术品，而是历史的产物。它是人类共处的最高表现形式。凡是属于那种共处的一切关系，对于人来说都是很自然的。凡是使那种共处成为可能的条件，都可以受理性的探究并为理性所证明。

圣托马斯永远不倦地强调人的政治性的重要意义。在一处地方[①]，他说人是受神法、理性和政治权威这三重秩序的支配的。如果人天生是个离群独居的动物，那只要有理性的秩序和天启法的秩序就够了。但人是个政治动物。如果他想达到他的适当目的以及人生与德行的最高形式，他就必须参加政治生活，锻炼政治道德。[②]

人的政治性的学说与政治义务论有直接的关系。它所包含的意思是：国家的历史根源不应同它由理性加以肯定这一问题混为一谈。不论人类最初具有一些什么样的条件，政治关系总是他们的"自然"条件。因此，讨论人类条件的某种想象的改变的原因，并想在那些原因中寻找国家与政治制度的解释和理由，那是完全没有意思的。在这种学说中，没有"自然"与"习惯"的对比的余地。没有订立社会契约的必要。圣托马斯充分利用了亚里士多德的关于人是政治动物这一见解。在必要的时候，他毫不犹豫地背弃了早期基督教作家们的教义。在他仔细地讨论自然状态和人们的自

① 见本书第109页。

② 《神学大全》，第一部分之二，第六十一题，第五节。

然平等时[1]，他的困难是十分明显的。斯多噶派哲学和基督教哲学在这一点上曾经异常吻合。初期基督教圣徒们关于上帝原来使人类所处的地位的学说不容有何怀疑。圣奥古斯丁在圣托马斯记得很清楚的一段有名的话里说过，上帝曾使理性的人成为种种动物而不是他的同类的主人，从而用明显的神迹证明了什么是自然的固有的秩序，什么是罪孽的后果。[2] 格雷戈里一世[3]和塞维尔的圣伊西多尔[4]重复了同样的想法，后者是7世纪初的一位基督教作家，他编纂的巨著经常为中世纪作家们所引证。若干罗马法学家制订的由查士丁尼安的《法典》(Corpus Juris)留传下来的早期自然法的学说，也曾强调一切人的自然权利和平等地位，这使那些可以归属于自然法的制度同那些以万民法和人类的惯例为基础的制度形成鲜明的对照。

在这里，圣托马斯又没有直接地和明白地反驳这些看法。他对于由两种相反的思想方法引起的困难所作的答复，表现出他那适应要求的努力结果，并且是治学精深的范例。但是，使答复成为可能的区别是重要的，并且具有重要的效果。是的，上帝是按照他的形象和外貌把人创造出来的。如果当初人们仍旧处在无邪的状态，他们之间的一些比较显著的不平等现象——例如奴隶主与奴

---

① 见本书第102—108页。

② 《天城论》，第十九篇，第十五章。

③ 格雷戈里一世(Gregory I，540？—604)，罗马教皇，恢复修道戒律，坚决主张僧侣应过独身生活，热心宣传基督教义。——译者

④ 塞维尔的伊西多尔(Isidore of Seville，560？—636)，西班牙高级教士和学者，塞维尔大主教，被认为当时最有学问的学者，特别以所编中世纪百科全书《语源学》闻名。——译者

隶的差别——就不会存在。但即使在无邪的状态，人与人之间的基本差别还是会很明显的；因为，像亚里士多德所指出的那样，人们不是平等的，而是不平等的。如果我们把两种不同的服从区别开来，一切就都可以看得很清楚。奴役——人在其中降为工具的奴隶的服从（subiectio servilis）——毫无疑问是违反自然的，所以只能被解释为罪孽的结果。但政治关系——为达到公共幸福所必需的人对人的公民的服从（subiectio civilis）——却并不是罪孽的结果，因为这是以人的本性为基础的。即使无邪状态能够继续保存下来，也还需要有权威和服从。其所以如此，根据亚里士多德的说法，仍旧在于人是社会的和政治的动物。如果社会没有权威，没有那些支配着其余的人的贤明正直之士，社会就不可能存在。罪孽的观念，即使不予否定，也只限于狭隘的范围，仅能用以解释社会和政治经验中某些压制现象，例如奴役、法律的惩罚性或昏君的存在。这和从理性上为国家提供论据毫无关系，因为政治义务是人的天性所固有的。人如果没有国家是不可想象的，因为只有在国家之内和通过国家，他才能够达到完善的地步。

但在这一点上，必然要发生另一个甚或更为严重的困难。当然，像我们已经分析的这样一个学说是违反基督教经验中某些具有深远历史的特色的。如果说人只有与别人共处才能臻于完善，那么隐士和圣徒又是怎样的情况呢？关于这一点，在《〈政治学〉诠释》中有一段很生动的话。圣托马斯在这里评述了亚里士多德关于人与外界断绝往来并脱离政治生活的“可怕”情况的学说。他觉得有必要对于禁欲主义提出明白的保留意见，赞成可以通过避世而不是置身红尘以达到较高程度的完善这一想法。但他苦心孤诣地强调这种生活的特殊性，以及为达到这种理想而必须具有的超人的能力。“如果有人成为这样一种人，即他天生不是一个政治动物，那他或者是邪恶的——例如由于人性的堕落而发生这类情况——或者就是具有超人的品德——因为他的本性比其他一般人来得完善，所以他能够自足自给，不必与他人为伍，如约翰和隐士圣安东尼那样。”[①]亚里士多德的学说已经揭露了新的远景。关于人的社会和政治性的思想，促使进一步强调个人生活在社会生活中的充分而和谐的结合。“既然所有的人都是城市的一部分，他们非适应公共福利就不能具有真正良好的品德。”[②]

我们必须特别注意的，就是“结合”这个词的主要的意义。这样地强调公共福利大于个人的幸福，甚至说它比个人的幸福更为神圣[③]，这究竟是什么意思呢？这是否意味着人的个性在某一方面的降低呢？这能否使个人的生活彻底融入国家的生活中去呢？我们在这里显然碰到了基尔凯(Gierke)强调为中世纪政治学说基本特征之一的“有机的”国家观；而一个有机的观念只能含有这样的意思：国家作为整体来说，比它的各部分更为重要；个人的目的从属于社会的目的；事实上，个人如果离开他成为其一部分的整体，就没有独立的意义或价值。这种看法似乎是同基督教关于人的个性具有绝对价值的观点背道而驰的。它们似乎要使国家成为一种吞没其组成部分的利维坦一样。它们比霍布斯的人人都知道

① 《〈政治学〉诠释》，第一篇，第一讲。

② 见本书第115页。

③ 《论君主政治》，第一篇，第九章；又参看《神学大全》，第二部分之二，第三十一题，第三节，以及《反异教徒大全》，第三篇，第十七章。

的用语更能使人想起按照黑格尔的意思解释的“具有人性的上帝”的观念。发现它们并不是近代新的学说，那是很有意思的。历史学家们曾创造出“政治上的阿维罗主义”这个名称来指明中世纪亚里士多德主义的发展方向。人们已经把阿维罗思想的影响清楚地推溯到帕都亚的马尔西利厄斯[①]，甚至推溯到但丁。因此，我们在这个重要问题上正确地阐明圣托马斯的学说，那是十分重要的。但这绝不是一件很容易的工作。因为，毫无疑问，他把国家设想为一个有机体[②]，认为个人从属于社会，并把公共幸福看作是为其他一切幸福所促成的最高价值。[③] 他复述并表示赞成亚里士多德的这种说法，即家庭和其他一切组织不仅在大小方面而且“在种类上”都是和城市国家不同的，并由此得出结论：“公共幸福在性质上有异于个人幸福，正如部分的性质不同于整体的性质一样。”[④]

然而，我们只要稍稍深入地研究一下这个问题，就可知道根据圣托马斯的解释，国家的“有机”观有多少地方需要加以注意。首先，通过任何形式的人类联合而达成的统一是一种种类很特别的统一。我们在《〈伦理学〉诠释》第一章里读到：“值得注意的是，这种表现为政治社会的统一或家庭的统一，只是一种体系上的统一而不是一种无条件的统一。因此，其中的组成部分所能具有的活

① 帕都亚的马尔西利厄斯（Marsilius of Padua，1290？—？1343），意大利学者，哲学教授，因发表反对教皇世俗权力的法律论文被迫逃亡巴黎。——译者

② 《神学大全》，第一部分之二，第八十一题，第一节。

③ 同上书，第一部分之二，第九十题，第三节（见本书第112页）；又参看《反异教徒大全》，第三篇，第十七章。

④ 同上书，第二部分之二，第五十七题（见本书第140页）。

动范围与整体的活动范围不同;正如在一支军队中,一个士兵可以作出那种对于全军来说并不合适的行动。同时,整体的活动范围并不适合它的任何部分;例如全军的总的作战行动就是如此,或者像划手的联合行动所造成的一艘船的动向那样。”[①]这似乎是否定人们的配合会创造一种在本质上与其各组成部分不同的新的个体来。个人的作用既没有被轻视,也没有被否定;它不过是得到提高并仿佛被放到一个较高的地位而已。个人在整体中的结合必须被设想为他的个性的一种扩大和充实,而不是降低到本身没有价值的单纯一部分的作用。特别是,个人的目的与整体的目的之间的差别,并不意味着可以而且必须用以衡量二者的标准方面的差别。最后,这些目的是同一回事。[②]

因此人和社会的相互作用是可以估定的,并且,在对研读亚里士多德的著作时所发现的新概念充分给予应有的重视之后,个人个性的价值也是可以保证的。自然法提供了一个可靠的保障。虽然所强调的绝不是接近代意义解释的“自然权利”,国家的行动却由那些保证尊重基督教人类个性观的基本要求的客观正义标准规定了界限。它还进一步被国家的法律不能以促使人们道德圆满为目的这一事实规定了界限。国家的法律仅限于对外在的行动作出裁判。[③] 基督教个性论的精神并没有削弱。个人永远不能完全为国家所并吞。他的身上有一种东西是留给较高目的之用的。个人

① 见本书第 164 页。

② 《论君主政治》,第一篇,第十四章。

③ 《神学大全》,第一部分之二,第九十六题,第二和第三节;第一百题,第九节(见本书第 125—127 和第 134—135 页)。

的价值由赎罪的代价所确证。[①] 没有一种人类的权力能够在良心上具有绝对的拘束力。人获得较高的权力，这种权力高出于国家的权力以及其他一切世俗权力之上。这就是教会的权力，这种权力直接起源于上帝，并且不但在《圣经》里，而且在那引起圣托马斯写出有关伦理学的全部著作的目的的推移中，都可以找到它的理论根据。

这样，结果是圣托马斯的政治理论引导我们回到中世纪的神权政治。国家不再被否认享有任何存在的权利。但它必须适应一个教级阶级制的等级社会的方案，并承认自己的次要地位。现在我们可以测定圣托马斯的政治观与近代的政治观之间的全部距离了。不幸的是，他竟没有留给我们一部论述国家与教会问题的有系统的著作。但是我们可以在《论君主政治》的第十四章里找到他的学说的一个清楚的说明。这个学说讲到有必要对人类事务实行双重指导，讲到人政的不足之处以及它必须通过神政才能臻于完善。这种二重性在君主之职(regnum)与祭师之职(sacerdotium)的区别中反映出来。这是教皇基莱歇厄斯一世[②]在5世纪末写给皇帝阿纳斯台歇厄斯(Anasthasius)的那封著名的信里曾经庄严地申述过的、后来在12世纪中叶又收在格雷西安[③]那本伟大的集子里的传统学说。令人感到新奇的是它在亚里士多德的目的论的基础上的发展。为了充分达到以天堂的快乐(fruitio divina)为顶

① 《神学大全》，第一部分之二，第二十一题，第四节(见本书第109页)，又第一百一十三题，第二节。

② 基莱歇厄斯一世(Gelasius I)，公元492—496年任教皇。——译者

③ 格雷西安(Gratian)，十二世纪意大利教士，罗马教法学的创始人。——译者

点的人类的目的，才看出有两种权力的必要。在既是君主又是祭师的基督身上，那种二重性合而为一。在这个世界上，两种权力是分别委托的，一种委托给世俗的君主，另一种委托给僧侣，主要是罗马教皇，“以便使世俗事务始终与宗教事务有所不同”。但是，既然几种目的具有不同的价值，这就必然意味着一种权力要从属于另一种权力，即君主的职位从属于祭师的职位。由此我们可以推断，对于最高的祭师、即彼得的继承者和教皇，“基督教世界的一切君主都应当表示服从，正如服从耶稣基督本人一样”。

虽然这个学说的轮廓很明确，但它并非没有含糊之处。让我们首先注意，圣托马斯并不是按照任何近代的意义来设想两个不同社会、即国家与教会之间的区别的，他只是把它看作职能的不同罢了。我们现在完全接触到历史学家称之为基莱歇厄斯学说的那种理论，即关于在一个社会——基督教社会、基督教国家——内人生的两大领域的区别和相互关系的学说。但是使人对整个问题弄不清楚的，正就是那个关系本身。所谓世俗的一切君主都必须“服从”教皇的权威，这句话究竟有多大意义？如果我们把《论君主政治》中所提出的学说同引自圣托马斯的其他著作的几段文章[①]比照一下，特别是如果我们把它同波尼费斯八世[②]和他的拥护者所提出的那种我们可以称之为地道的“神权政治”论的极端的主张相比较，我们就会重视它的温和的语气了。其中没有提到充分的权

① 《〈嘉言录〉诠释》，第二篇，第四十四类，第三题，第四节（见本书第161页）；又《神学大全》，第二部分之二，第一百四十七题，第三节。

② 波尼费斯八世（Boniface Ⅷ，1235？—1303），1294—1303年的罗马教皇。——译者

力(plenitudo potestatis),也没有提到教皇直接支配世俗事务的权力。圣托马斯所说起的世俗权力之从属于或服从于宗教权力,只是就目的方面而言。它比较近乎后特仑特教会的典型学说,即间接权力论,虽然这一学说体现出一种对于与中世纪大不相同的社会和政治情况的适应,并意味着明显地放弃了中世纪的两种社会——教会和国家——合一的思想。但重要的正是这种合一。宗教的和世俗的领域并不是互不相关的。"世俗权力之服从宗教权力,犹肉体之服从灵魂"①,犹哲学之服从神学,犹自然之物之服从超自然之物。只要"主教就世俗权力受其支配的那些事情对世俗事务发生兴趣,或对世俗权力交其处理的问题发生兴趣"②,谈起一种间接的权力是没有问题的。但是,当我们进而考察这种间接权力的实际作用时,我们不仅发现,正如以后可以对耶稣会士作这样的描述,左手拿出的东西立刻用右手把它收回。我们同时也发现,被认为应该由国家让教会处理的事情,恰好就是近代人奋斗了几百年力求避免教会和国家加以干预的事情:例如按照他的良心追求真理和崇拜上帝。在以正教传统为基础的制度下,是没有信教自由的余地的。

圣托马斯的理论是正统国家的理论。我们容易忘记这一点。我们已经受惯了来自国家的威胁,因此往往很容易推崇教会,把它看作自由的捍卫者。中世纪的不容异说的褊狭观念至少有一点大大地胜过了现代的极权主义。它完全取消了政治家手里的正统派

① 《神学大全》,第二部分之二,第六十题,第六节(见本书第147—148页)。

② 见本书第147页。

的定义。它限制了国家全能论。它绝不会容许"公众的意志总是正确的"这个说法。这是一种与众不同的比较高尚的不容异说的褊狭观念。但这是十足的不容异说的褊狭观念,并且是一种彻底的、极权主义的褊狭观念。我并不是在描绘一幅异想天开的图画。我希望读者参阅本书第138—142页,以及收在这本选集里的《论对犹太人的统治》这篇短文。这是由两种权力领导以达到最终目标的彻底基督教的社会的一幅图画。这个社会是基督教徒的社会这一事实,并不排斥在他们中间可以有异教徒。但作为异教徒来说,他们并不是社会本身的成员。他们是受排斥的,完全在社会之外。然而,"我们必须在行动上保持公正,即使对那些被遗弃的人也是如此"。他们应当受到宽容,甚至应当受到尊敬。基督教的伟大的精神在这句话里表现出来:"绝不应该强迫异教徒和犹太人……信奉基督教和表白他们的信仰。因为信仰是以意愿为基础的。"但犹太人现在是,并且始终是基督教社会中的被遗弃者。他们的仪式毕竟为我们的基督教提供证明,所以是可以容许的,正如可以容许卖淫以避免更大的祸害一样。可是他们必须被迫佩戴某种特殊的符号,同基督徒区别开来。应当强迫他们为生存而工作,不让他们过游手好闲的生活,靠高利贷发财致富。

犹太人的不幸的命运,同异端分子或背教者的命运相比,还算是极大的幸福。后者曾经信过基督教并表白过他们的信仰。对于这种人就应当"甚至在身体上给予拘束,强迫他们履行自己曾经答应承担的义务并遵守他们曾经表示愿意永远遵守的教律"。他们的罪恶是不能希望获得宽宥的。"如果说铸造伪币的人和其他犯人理应由世俗当局毫不容情地处以死刑,那么异端分子一旦犯有相信邪说的罪行时，就有充分得多的理由不仅被逐出教会，而且被判处死刑了。”但是教会是仁慈的。除非他们始终顽固不化，它是不会对他们宣判死刑的。当他们人数很多或者如果加以镇压可能引起不和或物议时，它甚至会容许他们举行自己的仪式。但不予宽容的原则是坚持不变的。这个原则给予圣托马斯的这一部分学说以不利的解释。关于间接权力以及宗教与世俗事务的分离的根本意义，是不能有何怀疑的。在理论上，教会的权力纯粹是精神方面的。它的武器不是世俗的武器。但由于国家屈从教会的有关一切世俗问题的较高指导，那些武器就具有世俗的重要意义。通过开除教籍的判决，人们不仅使异端分子脱离教会，而且把他交给“世俗当局，用处以死刑的办法把他从世界上消灭掉”。

在这一点上，他似乎不遗余力地要使国家和政治具有一个独立的、独特的纲领。然而这里就产生了最后的悖论：事实上，这根本不是悖论，而是由公认的前提得出的完全合乎逻辑的结论。政治权威具有一种不依存于宗教的本身的价值。它具有像表达自然秩序和理性秩序这样的价值。这意味着甚至一个非基督教国家都赋有一种实在的价值，在立论上正与圣奥古斯丁关于非基督教国家是世间政治（civitas terrena）与罪恶行为的体现这一想法针锋相对。但是，政治义务虽以人类的本性为基础，却难免要服从宗教的义务。这是正确地解释天恩并不取消天性而只会使其完善这一基本原则的问题。让我们再援引圣托马斯的说法，因为他的话语比任何的注释都来得高明。“我们必须注意到，支配权和统治权是以人法为依据的，但基督徒和异教徒的区别则由神法所规定。虽然如此，作为天赐之法的神法却并不废除以自然理性为基础的人法。所以，单从其本身考虑，基督徒和异教徒的区别并不使异教徒对基督徒的支配权和统治权归于无效。然而，这种享有统治权或支配权的权利是可以由教会通过它的高级神职人员理直气壮地用命令加以废除的；因为异教徒既然不信基督教，就理应丧失其支配那些已经成为神的儿子的基督徒的权力。但是事实上教会有时采取这种办法，有时又不采取这种办法。”这是一个重大的步骤，并且重大得足以使那掌握精神权力的人在作出决定以前有所踌躇。但采取这种步骤的可能性本身在某些情况下使最后的判决成为不可避免。教会是有权解除那些建立在自然状态中的对于国家的效忠义务的。这些义务一旦成为威胁宗教的危险时，是可以而且必须予以解除的。信奉基督教的统治者必须知道他们曾经相信这个宗教并变成基督教世界一部分的代价。政治义务最后以宗教义务为依归。“使徒保罗说过，‘审判教外的人与我何干？’根据这种说法，如果从来没有相信基督教的人缺乏信仰，教会就无权加以惩罚。至于从前信过教的人现在发生叛教情事，教会是可以通过司法审判加以惩罚的；他们由于丧失了统治基督徒的权利而受到惩罚，乃是合乎正义的。因为这种叛教行为可以引起基督教的广泛的败坏；正如人们所说，‘叛教者心萌恶念，制造不和’，竭力想使人们脱离基督教。所以，当一个统治者由于背弃基督教而被宣判开除教籍时，他的臣民事实上就立刻摆脱他的统治，解除那种使他们对他承担义务的忠诚誓言。”圣托马斯异常明晰地写下了那些成为中世纪国家观的基础的原则。研究历史的人不会有什么困难来提供有关实行这种国家观的必要例证。

三、实际政治

在我们现在所考察的这种学说中,实际政治显然只能意味着把一般原则应用到个别问题上。但是实际的应用要求实用的观念。关于圣托马斯的心理的平衡已经讲得很多了。现在是评价他的现实主义的时候了。有人曾经说他是“第一个民权党人”。这话不应被解释为他是民主的拥护者。但他异常进步这一点可以从他讨论当时一些比较紧急的问题上看出来。我们现在应当转而考察那方面的论述。

上文曾经多次提到过“国家”。如果始终用“世俗权威”这个字眼,是不是会比较正确些呢?中世纪的作家们对于国家的观念是否可以说是大致符合于现代的观念呢?这个问题是有过许多争论的。我毫无疑问地认为,就圣托马斯来说,应当作肯定的答复。这里他又站在一个十字路口了。一方面是在一个世界帝国和一个全基督教教会中所表现出来的关于人类基本统一的旧的观念,另一方面是逐渐理解其独立性的许多独立社会的新的和当代的经验。圣托马斯竭力想根据亚里士多德的思想以及当时最新的法学理论来解释那种经验。基尔凯已经生动地描述了亚里士多德关于国家的定义对中世纪政治思想的影响。他指出:显而易见,当人们真心诚意地接受那个定义时,各种次要的和更次要的社会中只有少数社会才能被认为是国家。这样,古典的国家观的复活帮助了人们推翻中世纪关于世界社会或世界帝国(Imperium Mundi)的理想。它为近代各个的主权国家的观念铺平了道路。

圣托马斯的学说显然证实了基尔凯的说法。他认为国家这种完善的社会在本质上是和其他一切社会根本不同的。其不同之处在于国家能够制定具有强制力(potestas coactiva)的法律,拥有一切为生活所必需的丰富的资源(sufficientia ad omnia necessaria vitae)。这是亚里士多德所说的自治和自足自给的两种属性。它们是由两种主要类型的组织、即城市国家和国家达到的,因而这些组织可以称为完善的社会,并且是名正言顺的国家。亚里士多德关于城市(πόλις)的概念受到一种值得注意的延伸。它变成与圣托马斯更直接地在意大利和法兰西看到的那种特殊的政治组织形式相等的东西。但基本上是亚里士多德的特殊国家的观念占据统治地位。在圣托马斯的全部著作中,没有公开地提到一个世界帝国的想法。毫无疑问,人类基本统一的思想是保存在圣托马斯的政治观的概述中的。这种思想存在于自然法观念的本身,因为所有的人都受自然法的支配,并且种种实在法的体系都是从自然法获得它们的内容和价值的。它也存在于一统的基督教人民这一想法之中,因为这个想法把一切国家和民族都包括在内,并且在教会神秘团体[1]中获得最高的表现。但是在实际政治的领域中,获得胜利的是这个或那个国家。王在其自己的国家中是皇帝,公民们在其自己的城市里也是君主。圣托马斯绝不受那些在他那个时代已经列出的概括一切的公式的束缚。他甚至承认,在某些情况下,单独的社会可能要依赖某一位高级的权威。可是,他对皇帝的权

① 《反异教徒大全》,第四篇,第七十六章;《神学大全》,第三部分,第八题,第一至四节。

力这种重要的问题不赞一词，是值得注意的。他对于一种可以自行制定法律而并不依赖其他拘束力的“自由社会”的想法[①]，明显地反映出现代思想的趋势。近代主权国家的观念正是从法国和意大利南部出发，走上它那遍及欧洲的革命道路的。

我已经提到过民主政治。这是一个容易使人产生误解的字眼。但我们是多么希望追溯一下中世纪政治学说中的民主思想的起源啊！卡莱尔博士曾经断然地指出过，政治权力的基础在于社会这一思想是中世纪的共同思想。他又指出，这是同时受到早期的习惯法至上观念和罗马学说复活的影响的思想。无论在它们的前提和实际应用方面多么不同，这二者都是可以解释的，并且事实上也是已经被解释过的，因为其中包含着人民是法律与权威的根本来源这一想法。这个学说在圣托马斯的著作中的若干段文章里[②]可以明显地找到它的来龙去脉。但这绝不允许我们步某些诠释者的后尘，把他的学说曲解为人民主权论。虽然圣托马斯显然承认实在法和政治权威的真正的基础是社会的意志或至少是社会的同意，他却绝不涉及可以说是稍稍接近于人民享有“原始”或“自然”权利这种见解的说法。认为一切权力来自上帝，因此权威始终带有神的和神圣的性质这种基督教的基本思想，冲淡了承认权威之起源于人的想法。如果说所确立的统治权和最高祭师的职位不受人法的限制，那么也可以说，除在上帝那里以外，别无权力可言。

① 《论君主政治》，第一篇，第六章；《神学大全》，第一部分之二，第九十七题，第三节（见本书第 61—62 和 133 页）。

② 《神学大全》，第一部分之二，第九十题，第三节；第二部分之二，第五十七题，第二节（见本书第 110 和 145 页）。

权威的这两个方面在一处地方[①]，即在权威的“形式”与“内容”的区别上，以地道经院哲学的方式被调和起来。一切权威的最后的神的来源（它的形式原因）并不排斥而是相反地要求（作为它的材料原因）人以建立某种政体的方式表现出来的干预。最后，除去这两种传统的见解以外，第三种看法的影响也可以在圣托马斯的关于权力基础的理论中明显地探索到。亚里士多德的学说是：既然政治关系对人来说是自然的，那么人与人之间的秩序就必须在人们的不同能力中、在他们的“自然”不平等状态中寻求。“其所以会缺少秩序，是由于这样的事实，即有人在发号施令，并不是因为他在智力方面高人一等，而是因为他利用暴力已经攫取了权力，或者通过笼络人心的办法已经确立了统治权。”人治的最好的秩序是更符合于那种不平等状态并尊重那种成为权力的真正理论根据的智力上的优越性的秩序。这使圣托马斯的学说带有赞成贵族政治而反对民主政治的倾向。[②]

在我们也许不是不适当地称为圣托马斯的政治学说的部分，更可以看出同样的非民主的倾向。但是，这次在托马斯的思想上留下特征的，与其说是亚里士多德的王权观念，还不如说是中世纪的王权观念。《论君主政治》第二章里说，最好的政体必须根据最高的和比较抽象的形而上学的前提加以判断。经验的教训只能证实宇宙秩序本身所揭示的东西。君主制是最好的政体，因为它最

① 《〈嘉言录〉诠释》，第二篇，第四十四类，第二题，第二节（见本书第158—159页）。

② 《神学大全》，第一部分，第九十二题，第一节；第九十六题，第四节；特别是《反异教徒大全》，第三篇，第八十一章（见本书第105—108页）。

能符合上帝的统治。[①] 这种赞成君主制的论证主要是推论式的。最主要的是一致的原则(principium unitatis),这种原则正如基尔凯所指出的,在中世起的心目中具有宇宙的一种组织原则的价值,并且不久以后但丁就要用它作为赞成君主制的主要论据。这一切似乎都很抽象和模糊。我们随着君主与法律的关系的讨论而回到现实。这是同中世纪政治理论基本争执所在,它清楚地揭露出新旧之间的差别。“中世纪的学说,”基尔凯写道,“当它真正带有中世纪的色彩的时候,绝不放弃这样的思想,即:法律根据它的根源来说,与国家处于同等地位,并且它并不依靠国家就能存在。”法律造成君主(Lex facit Regem):布拉克顿[②]的这句名言很好地说明了这位中世纪法学家是怎样设想君主和法律之间的关系的。但是罗马法的复活已经产生了一种深刻的变化。它已经破坏了作为中世纪法律理论出发点的关于习惯的古代的看法。它已经代替了把法律看作一种立法的审慎行为以及一种最高意志的产物这一想法。它因而为那至今往往被诋毁为罗马法的有害遗产(damnosa hereditas)的关于统治权的法律概念提供了基础。如果说法律来自立法者的意志,那么那种意志就当然在法律之上。如果说——像《罗马法典》的一段著名的文字里所说的那样——立法权已经从它原来的执掌者,即人民的手里转移到君主的手里,那么君主就是绝对权力的执掌者。君主在国内的统治权是国家在国际关系中的

① 参看《神学大全》,第一部分,第一百零三题,第三节(见本书第108页)和《反异教徒大全》,第四篇,第七十六章。

② 亨利·德·布拉克顿(Henry de Bracton,?—1268),英国教士和法官,曾发表第一篇论述中世纪英格兰法律的论文。——译者

主权的对等物。

我们很感兴趣地发现,圣托马斯用若干篇幅讨论了“为君主所喜之物具有法律效力”(quod principi placuit legis habet vigorem)和“君主不受法律约束”(princeps legibus solutus)这两个罗马的原则。这个讨论对于正确理解罗马的法学思想对中世纪政治理论的影响和圣托马斯的思想,都是很重要的。它非常有益地提醒人们注意,如果把历史过分简单化会产生什么危险,同时也是对于目前人们把合法的主权观念同“专制主义”思想联系起来的做法的一个重要的鉴定。圣托马斯显示出他对罗马学说的清楚理解。从法律经验本身的观点来看,亦即就实在法而论,君主(或任何具有制定法律的职能的人;但立法权也可以属于整个社会)高于法律。因为法律的强制力(vis coactiva)以及其绝对的合法性,是从君主的权威或者一般说来从公共权力或君主得来的。因此,就法律的强制力而言,公共的权力实际上是不受法律约束的(legibus soluta)。这个原则如果附加必要的条件限制,就很像近代奥斯丁的关于主权的见解;对于这样一个原则的承认,应该引起许多依然重复“中世纪没有主权观念”这一陈旧说法的人们的深思。但是在圣托马斯的心中,这个原则立即受到这样一个重要的但书的限制,那就是,就支配的力量而言,君主无疑是受法律的约束的。君主的意志只有在受到合理的限制(ratione regulata)时才具有法律的效力(vigorem legis)。支配的力量和理性的限制不外乎是那限定特定国家主权的正义的自然秩序的表现。

因此,虽然主权是政治权力的一个属性——并且确实是重要的属性,但是它的运用却可以并且应当以仔细划定的界限为条件。

主权的范围是由圣托马斯就对内和对外关系方面清楚地规定的。国家的国际应尽义务的最有趣的例证可以在战争理论中找到。[①]从基督教的观点来看,战争无疑是一种祸害。圣托马斯找到了显然是由圣奥古斯丁查明的途径。战争是祸害,但也是一种必要的祸害。基督教的非暴力论不应被解释为含有这样的意思:不应当反抗侵犯权利的行为,不应当剥夺作恶者的为非作歹的机会。不妨用战斗来创造和平(Esto bellando pacificus):为了维护公共幸福和维持和平,有时必须借用武力。但只是在极严格的范围内,战争才能有理由作根据。它必须是“正义的战争”,而要使战争具有正义的性质,就需要具备一些特殊的条件:合法的权威,正义的事业,正当的意图。战争是在缺乏一个较高权威的情况下所采用的最后手段。与此有关的是特定国家的存在这一事实,即其主权的结果同时也是这种主权既非绝对又非无限的明证。

在国内方面,主权的范围也同样是明显的。圣托马斯并不完全赞成政治权力的体制方面的严格限制。关于《神学大全》的两段文章中所谈到的“混合政体”的理论[②],已经讲得很多了。那两段文章给《论君主政治》第一篇(第六章)中只是偶然提及的有限君主制思想提供了适当的说明。在我们看来,圣托马斯所认为的最好的政体的基本特征是某种法治的形式,在这种形式下,君主政治、贵族政治和民主政治的原则得到很好的结合,而君主则以作为社会意志的表现的法律的规定为依归。圣托马斯关于这一问题的学

① 《神学大全》,第二部分之二,第四十题(见本书第 142—143 页)。

② 《神学大全》,第一部分之二,第九十五题,第四节;第一百零五题,第一节(见本书第 123— 124 和 135—136 页)。

说的真正意义和重要性，只有把它同当时那个时代实际的法治比照以后，才能给予确切的评价。值得一提的是：在二百年以后，当英国政体的第一批理论家之一约翰·福特斯鸠[①]爵士为有限的君主制辩护，说它不仅是自古以来的传统制度，而且是一切可能产生的政体中最优良的政体时，他就是一再以圣托马斯的言论为根据的。[②]

主权的范围对于服从和反抗的问题有直接关系。[③] 显然可以看出，像刚才所说的这样一种制度中，忠顺是不能够并且是不应当没有条件的。它异常精确地受到作为获得公共幸福的手段的政治权力的本质的限制，也受到那些在国家内部决定统治者的地位和权力的基本宪法的限制。重点放在权力的法律基础和法律上。纯粹事实上的统治者绝不是个统治者。权力必须是合法的或后来变成合法的。因此服从的首要的条件是在权力的获得上不应有什么"缺点"：这种缺点将完全排除忠顺的可能性。至于合法的权力，它按定义来说就是以法律为根据的权力。统治者的命令不应超过人们所授予的权力，也不应强使臣民承受无益的或不平均的负担。在所有这些情况下，服从是以权力的正当行施为条件的。不法的命令没有拘束力。昏君必须加以反抗。在这一点上，圣托马斯的态度证明了基督教服从观念的深刻变化，因为在《罗马人书》第十

① 约翰·福特斯鸠(John Fortescue，1394？—？1476)，英国法学家，著有《论英国法的优点》等。——译者

② 《论自然法的性质》，第十六章、二十六章；《论英国法的优点》，第九章；《英国的统治法》，第一章。

③ 有关这一问题的比较重要的原文，见本书第126—129、143—144、154—156、157—160页。同时应记住《论君主政治》第一篇第六章。

三章第一节中说:“在上有权柄的,人人当顺从他,因为没有权柄不是出于神的。”这种变化的根源可以追溯到历史上很远的时期。对于圣保罗的基本语句,曾经有过一些性质截然不同的推论。基督教的服从观念逐渐发展成为消极服从的学说,以后又发展成为可以反抗甚至有责任反抗的理论。中世纪基督教的战斗精神在圣托马斯的学说中发出光辉。政治当局不仅受到那些规定和限定其权力的基本宪法的限制,而且也要顺应那些在自然法中体现出来的正义的基本要求。自然法是国家的意志无法加以克服的不可逾越的障壁。我们不知不觉地又重新谈到作为圣托马斯的政治理论要点的为某些最高伦理价值辩护的意见。在我们结束这篇短论并请读者阅读圣托马斯的原文以前,我们有必要力求了解那种辩护意见的真实意义。

政治隶属于伦理。自然法是这种隶属关系的保证。但是,像我们已经指出的那样,这并不意味着圣托马斯的政治理论即以承认人类享有自然权利为基础。在近代对于自然法的“主观”想法和中世纪对于表达在自然法中的客观正义法则的想法之间,存在着很大的区别。在拥护抽象的、不可侵犯的权利和主张能按时间与环境随机应变的一般原则之间,存在着很大的区别。特别是,在对个人及其在有组织生活的结构中的价值和地位的看法方面,存在着很大的区别。“我们认为,”杰斐逊写道,“这些真理是不言而喻的:一切人生来平等,他们都由造物主赋予某些不可转让的权利,其中包括生命、自由和追求幸福的权利。”圣托马斯是绝不会写出这句话来的。他所强调的不是权利而是义务,不是单独的个人而是公共幸福。虽然人们都带有共同的人性,他们在国家里却不是平等的：事实上，能够考虑到他们的绝非等同的能力的政治组织形式，才是最好的政治组织形式。虽然人们的精神无疑地是自由的，他们在国家里却并不自由：只有在他们接受一种并非由他们直接制定的秩序时才能获得真正的自由。人们在思想、结合或财产方面没有不可让与的权利。从这个角度来看，圣托马斯对于财产的见解是很有趣的。我们在这本选集里收进了几段讨论这个问题的文章，虽然这并不能够正式地算作圣托马斯的政治论文。[①] 研究社会学说的人将在其中找到一些可供思考的有价值的资料。我们在这里应该指出，私有财产制只有作为一时的权宜之计才是正当的。自然法所能告诉我们的是，上帝为了人们的使用和利益而创造了物质财富。“私有财产权并不违反自然法，而是由人类的理性所揭示的对于自然法的补充。”私有财产虽然是允许存在的，甚至在某些情况下是必要的，却不能并且也不应该损害公共幸福。因此，穷人被逼向另一个人拿取多余的财物并不算是盗窃。因此，单纯为了利润而积累财富也是应该谴责的。在货物的交易中只能允许获取适度的利润。由贷款而得的利息收入是地道的重利盘剥，并且是一种罪孽。这里丝毫没有把私有制或对于财富的追求看作是一种“自然权利”的意思。事实上，倒是规定了一切条件，由国家全面地干预经济生活的管理和调节工作。

因此，圣托马斯在研究社会和政治问题时所表现出来的共同特征，又得到了证实。在我们看来，他好像不是给我们提供一个完

① 见本书第 148—153 页。《论对犹太人的统治》这篇文章就这个问题来说也是很有意思的。

整的、精密的体系，而是专门提出一些能够据以建立这种体系的原则。重要的是不让这些原则被人曲解。其余的一切由“审慎的”立法者去办就行了。我在开头就曾强调指出圣托马斯对他那个时代的纷争和紧张局面所抱有的超然态度。结果，正是这种超然态度证明是极重要的。其中存在着圣托马斯·阿奎那作为政治思想家的真正历史意义。其中也存在着对于这样一个事实的解释，即：罗马教会在过去几百年间能够并且目前仍旧能够在他的学说中找到一个不仅对于哲学问题而且对于社会和政治问题的解答。在反宗教改革时期，人们可以发挥托马斯关于教会的间接权力的想法来应付由近代主权国家的兴起所产生的新的局势。后来，人们又必须重申权威神圣性的学说来反对由唯理论和启蒙思潮所造成的政治与宗教分离的运动。再后一个时期，人们可以借重圣托马斯的学说，主张在极端个人主义和放任主义时代负有社会和经济合作的责任。而在我们这个时代，教会和天主教的辩护者在反对极权主义的斗争中甚至把那个学说更放近到我们的面前了。我们已经懂得怎样去评价一种以维护人的个性和大胆主张精神价值应占首位这一见解为基础的学说。我们已经更好地懂得应怎样重视我们中世纪的和基督教的遗产。

但是，托马斯的政治思想在很多方面同我们时代的要求表面上相符合这一点，不应当使我们受到蒙蔽而看不见其中基本的差别。托马斯的理想是一种超时间的理想。它对变化的适应并不是对时代精神的让步。为了避免物议或危险（propter vitandum scandalum vel periculum），许多弊害可以并且应该加以容忍，而这在一个真正基督教的国家是绝不允许的。当人们清楚地和牢牢地记住基督教伦理学的不变的原则并以乐观的精神加以运用时，总是能够找到解决新的迫切问题的方法的。

正是顽强的不妥协精神和妥协与适应的精神的这种结合，使现代读者在阅读托马斯·阿奎那的文章时感到困惑。多半是因为我们不再能够分享他的乐观精神，所以我们同奥古斯丁的距离要比同托马斯的距离来得近。但同样可能的是，不管我们知道怎样重视他所提倡的原则，我们还不敢接受它们的全部含义。“精神生活第一”也许是当时西方文明最重要的因素。但是那个理想已经经历几百年的苦难和希望的岁月，它对我们的意义已同对中世纪的意义大相径庭。现代的人们如果不抛弃我们有权认为是西方最可贵的收获的公民自由与宗教自由的观念，是不可能接受圣托马斯始终根据那个理想建立的体系的。

唐特雷佛

承道逊先生出色地译出收在这本选集里的那些章节并就细节问题给我帮助和合作，我谨向他表示最热烈的感谢。我们的讨论，甚至可以说是争执，使我能更好地理解有关圣托马斯的许多问题；这种更深一层的理解帮助我扩大并部分地修正我在《中世纪对政治思想的贡献》(Medieval Contribution to Political Thought)一书和《圣托马斯·阿奎那的政治著作》(Scritti Politica di San Tommaso d'Aquino)(波伦亚版，1946 年)一书意大利文版中所提出的解释。——唐特雷佛

英译者前记

本书拉丁文原文选自下列版本:《神学大全》选自雷翁尼纳(Leonine)本(罗马,1889—1918年);《反异教徒大全》、《〈嘉言录〉诠释》、《〈伦理学〉诠释》和《〈政治学〉诠释》选自巴尔门塞(Parmense)本(巴尔马,费卡多里,1852年);《论君主政治》和《论对犹太人的统治》选自马蒂斯(Mathis)本(马里埃蒂,都灵,1924年)。当然,马蒂斯本的不能令人满意的性质是人所共知的,可惜我们无法利用科尔克城(Cork)大学学院(University College)奥腊希利(A. O'Rahilly)教授的一个精密版本的重大贡献,因为它虽已编好但还没有出版。可是我们了解,《论君主政治》的一个精密版本不久将在曼多纳(Mandonnet)丛书中出现。

在翻译过程中,我曾参考唐特雷佛教授的意大利文本的同样几个段落、《神学大全》的《少年杂志》(Revue des Jeunes)版有关的法译文,当然还有两个《大全》的多米尼会的英译本。可惜我没有能够参考《论君主政治》的费兰译本。

圣托马斯本人曾对以译者自许的人提供了一点很好的意见。他说,"优秀的译者不应该只注意他所翻译的文章的真实意义,他还应该使他的笔调适应他用以表达自己的意见的那个语言的特征。"在我力求遵照他的意见(虽然很不成功)进行翻译时,我觉得往往有必要采取某种程度的意译的办法，尽管这种办法必然会提出翻译上的一些问题。不过，对于这些问题的解答，显然不在本书的范围以内。

道逊

参 考 书 目

下列参考书目仅限于一般性的英文作品,并且即使以此为限也绝不是很详尽的。所举出的著作中有些著作包含着内容更丰富的参考书目,但为求得完整起见,应参考曼多纳和台斯特列兹(Mandonnet et Destrez)编的《托马斯主义参考书目》(*Bibliographie Thomiste*),载《哲学与神学评论》(*Revue des Sciences Philosophiques et théologiques*),以及《托马斯主义通报》(*Bulletin Thomiste*)各期。

英文版原书:

《神学大全》(*Summa Theologica*)和《反异教徒大全》(*Summa Contra Gentiles*),多米尼会教士集体翻译,共二十五卷,伦敦版,1920 年。

《反异教徒大全》,里卡比(J. Rickaby)译,共一卷,伦敦版,1905 年。

《圣托马斯的基本著作》(*The Basic Writings of St. Thomas*),安东·贝奇斯(Anton C. Pegis)编,共二卷,多伦多版,1946 年。

《论君主政治》,费兰(G. B. Phelan)译,多伦多版,1932 年。

一般参考书:

《〈神学大全〉释义》(*A Companion to the Summa Theologica*),法雷尔(Farrell)著,共四卷,伦敦版,1946 年。

《圣托马斯·阿奎那》(*St. Thomas Aquinas*),剑桥暑校论文集,拉提(C. Lattey)编,伦敦版,1925 年。

《托马斯·阿奎那》(*Thomas Aquinas*),达西(M. C. D'Arcy)著,伦敦版,1930 年。

《圣托马斯·阿奎那的哲学》(*The Philosophy of St. Thomas Aquinas*),季耳森(E. Gilson)著,剑桥版,1924 年。

《托马斯·阿奎那》,格拉布曼(M. Grabmann)著,伦敦版,1928 年。

《圣托马斯·阿奎那》，马里丹(J. Maritain)著，伦敦版，1931 年。

政治思想：

《西方中世纪政治学说史》(*A History of Medieval Political Theory in the West*)，卡莱尔兄弟(R. W. and A. J. Carlyle)著，第五卷，伦敦版，1928 年。

《中世纪对政治思想的贡献》，唐特雷佛著，牛津版，1937 年。

《中世纪的政治学说》(*Political Thecries of the Middle Ages*)，冯·基尔凯(O. von Gierke)著，梅特兰(Maitland)译，剑桥版，1900 年(1913、1922 年再版)。

《中世纪的社会学说》(*Social Theories of the Middle Ages*)，比德·贾勒特(Bede Jarrett)著，伦敦版，1926 年。

《从希腊时代至中世纪末西方政治思想的发展》(*The Growth of Political Thought in the West from the Greeks to the End of the Middle Ages*)，麦基耳韦因(C. H. McIlwain)著，伦敦版，1932 年。

《基督教社会学说》(*The Social Teaching of the Christian Churches*)，特罗尔奇(E. Troeltsch)著，魏昂(O. Wyon)译，纽约版，1931 年。

《中世纪的王权和法律》(*Kingship and Law in the Middle Ages*)，凯尔恩(F. Kern)著，克赖姆斯(Chrimes)译，牛津版，1939 年。

《中世纪的基督教生活》(*The Christian Life in the Middle Ages*)，波威克(F. M. Powicke)著，牛津版，1935 年。

第 一 部 分

政 治 论 文

论君主政治

致塞浦鲁斯国王

第　一　篇

第一章　政治制度的必要性

我们的第一项工作必须是说明君主这个名词应该怎样理解。每逢某种目的已经确定但达到目的的手段还有选择的自由时，如果想要迅速地达到那个目的，就一定要有人指出方向。例如，一艘船将按照它所遇到的风向的变动，先朝一个方向然后朝另一方向航行，要是没有那个把船驶向港口的舵手的技能，它就会永远达不到它的目的地。同样地，靠智力行事的人也有其一生和种种活动所导向的命运；因为，抱定某种目的行事，显然是有理性的动物的天性。不过，人类的各种各样的兴趣和爱好同样清楚地表明，当人们追求他们想要达到的目的时，是有许多途径供他们选择的。因此人需要获得指导来达到他的目的。原来，每一个人都赋有理性，并且是依靠理性的启发，他的行动才被导向所趋的目的。所以，如果人宜于按照其他许多动物的方式过一种孤独的生活，他就不需要别的指导者，而是每一个人在上帝，即万王之王的管辖下，将成为他自己的君主，并且对于自己的行动，有依靠上帝所赋予的理性的启发而充分加以指挥的自由。然而，当我们考虑到人生的一切必不可少的事项时，我们就显然看出，人天然是个社会的和政治的动物，注定比其他一切动物要过更多的合群生活。其他的动物有大自然为它们准备的食物和一身毛皮。它们也赋有自卫的手段，不管那是牙齿、角、爪或至少是逃逸的速度。另一方面，人却没有这样的供应，可是他既然具有推理的能力，就必须为自己制作这些东西。即使这样，单是一个人也不能把所有必需的东西供给自己，因为任何人的物资都是不足以充实人生的。由于这个缘故，人就自然需要和他的同类在一起。

而且，其他的动物具有天然的本能，知道什么是对它们有用的，什么是有害的；例如，羊根据本能感到狼是冤家对头。有些动物甚至似乎根据本能就知道某些草类的药性和其他为它们生存所必需的东西。另一方面，人却只是笼统地生而知道人生的必需品。由于赋有理性，他必须用它来从这种普遍的原理过渡到了解那些特别与他的幸福有关的事项。然而，在这样推理的时候，谁也得不到所有必需的知识。反之，自然却已注定要他过合群的生活，因此，由于和他的同伴实行分工，每人都可以专门从事某门学科，一个人研究医学，另一个人研究其他某种学问等等。这一点可以进一步从这样的事实获得证明：只有人才掌握讲话的能力，这种能力使他得以把自己的全部思想内容告诉另一个人。其他的动物固然也能表示它们的感情，但只能笼统地表示一下，像犬用吠叫、其他的动物用不同的方式来发泄愤怒时所表现的那样。因此，人比其他任何动物更善于和他的同类互相沟通，甚至比那些似乎最爱群居的动物如鹤、蚂蚁或蜜蜂都强。所罗门就存有这种想法，所以他说道（《传道书》，第四章，第九节）：“两个人总比一个人好，因为二人劳碌同得美好的效果。”既然朋辈共处对人来就是十分自然的和必需的，那么同样必然可以推断的是，在社会之中必须要有某种治理的原则。因为，如果很多人都想生存，而各人都一心一意专顾自己的利益，那么，除非其中有一个人愿意尊重公共幸福，这种社会就非解体不可；正如一个人或任何其他动物的身体，如果本身缺乏单一的控制力量来支持各部分的一般活力，就会解体一样。所罗门告诉我们(《箴言》，第十一章，第十四节)：“无长官，民就败落。”这个论断是很合理的；因为私人利益和公共幸福并不是同一回事。我们的私人利益各有不同，把社会团结在一起的是公共幸福。但是，这样截然不同的事情是形形色色的原因的产物。所以，除掉每一个个人所特有的利益的动机以外，还必须要有某种能够产生多数人的幸福的要素。由于这个缘故，每逢存在着从多种多样的成分中产生出来的安排好了的统一体时，就总可以发现诸如此类的某种控制力量。例如，物质世界存在着天道的某种秩序，在这种秩序之下，所有的物体都受第一物体即天体的控制。同样地，所有的物质体都受理性生物的控制。在各个人的身上，控制着身体的是灵魂，而在灵魂本身以内，则是理性控制着情欲和欲望的能力。最后，在身体本身的各部分之中，有一个是推动其他各部分的主要部分：有些人说这是心，但另有一些人说这是头脑。所以，在一切形形色色的事物之中，必然有某种居于控制地位的要素存在着。

当事物是这样地针对着某一目的而被安排的时候，有时会发现方向指导得正确或者错误的问题。所以政治的统治有时是公平的，有时是不公平的。如果一件事情所导向的目的是对它合适的，那就是指导得很正确，如果所导向的目的并不那么合适，那就是指导失当了。一帮自由人所抱的目的，就和譬如说一帮奴隶所抱的目的不同。因为一个自由人有权支配他自己的行动，而一个奴隶的身份则是由另一个人造成的。因此，如果一个自由人的社会是在为公众谋幸福的统治者的治理之下，这种政治就是正义的，是适合于自由人的。相反地，如果那个社会的一切设施服从于统治者的私人利益而不是服从于公共福利，这就是政治上的倒行逆施，也就不再是正义的了。这类统治者曾经受到上帝的警告，因为上帝通过《以西结书》（第三十四章，第二节）说道："祸哉以色列的牧人，只知牧养自己：牧人岂不当牧养群羊吗？"牧人必须顾到羊群的利益，而一切当权的人都应当顾到他们所照管的人的利益。

当一个力求靠他的地位获得私利而置其所管辖的社会的幸福于不顾的人暗无天日地施政时，这样的统治者就叫暴君。这个词是从暴力的概念脱胎而来的，因为一个暴君用暴力压迫人民，而不是按正义的原则进行治理。古人惯常把所有强大的酋长叫做霸主。[①] 另一方面，如果不义的政治不是单由一个人而是由几个人结成集团行施的，这样的情况就叫做寡头政治或少数人的统治。当少数富人利用自己的财富来压迫其余的人民时，就会发生这种情况；而这种政治与暴政不同的地方，只在于有几个压迫者罢了。最后，不义的政治可以由许多人行施，这就叫做民主政治：当平民利用他们人数上的优势来压迫富人时，这种政治就是暴民统治。在这样的情况下，整个下等社会变成一种暴君。

同样地，我们必须辨别各种类型的正义统治。如果行政管理

① 霸主和暴君的原文同为 tyrant。——译者

是由社会上某一大部分人执行，这一般就叫做平民政治：例如一支大军治理着一城或一省时便是这样。然而，如果行政管理归人数较少但有德行的人承担，那就叫做贵族政治：这是最优秀的人当政；由于这个缘故他们被称为贵族。最后，如果正义的政治只由一个人掌握，这样的一个人就被正当地称为君主。所以上帝在通过《以西结书》(第三十七章，第二十四节)发言时说道："我的仆人大卫，必作他们的王，众民必归一个牧人。"由此显然可以看出，王权的特征是：应当有一个人进行治理，他治理的时候应当念念不忘公共的幸福，而不去追求个人的私利。

我们已经知道，人理应营共同的生活，因为如果他要像隐士那样生活着，他就不能靠自己的资源筹措人生的一切必需品。所以由此可以推断，就足够供应人生的必需品这一点来说，一个营共同生活的社会是比较完善的。的确，以营养、繁殖等等的基本必需品而论，同住在一宅的家庭之中有某种程度的充分的资力。同样地，在一个地区你可以找到某一行业或职业所需要的一切东西。但是，在一个城市里，有着一个供应各方面生活所需的完善的社会；在一个省里，我们甚至可以举出更好的范例，因为在这种情况下，还加上结成同盟以防御敌人进攻的互助协作。所以，无论谁治理一个完善的社会，不管那是城市还是省份，都可以被正当地称为君主。另一方面，一家之主却不称为君主，只称为父。即使这样，这两种情况也有某种相似之点，并且君主有时被称为他们人民的父亲。

因此，根据上文所述，我们显然可以看出，一个君主是为了一城或一省的人民的共同幸福而治理他们的。所以所罗门说(《传道书》,第五章,第八节),“王管辖隶属于他的一切土地。”

第二章　君主制是最好的政体

在介绍了我们的问题之后,现在我们要进一步探究,一个区域或一个城市由一个人治理的好,还是由许多人治理的好。这个问题最好从考虑政治的目的入手。

任何统治者都应当以谋求他所治理的区域的幸福为目的;正如舵手的任务是驾驶船只穿过惊波骇浪以达于安全的港口一样。但是,一个社会的幸福和繁荣在于保全它的团结一致;或者说得更简单些,在于和平。因为如果没有和平,社会生活就会失去它的一切好处;并且由于纷扰,反而会成为一种负担。所以,任何社会的统治者的首要任务是建立和平的团结一致。他也没有权利怀疑他这样做是否能促进社会的安宁,正如一个医生没有权利怀疑他能否医好病人一样。这是因为任何人应当盘算的,不是他必须为之尽力的目的,而只是达到那些目的的手段。因此使徒保罗在强调有忠心的人的团结一致时补充说道(《以弗所书》,第四章,第三节),“用和平彼此联络,竭力保守圣灵所赐合而为一的心。”由此可见,只要政府更能有效地获得和平的统一,它就是更加有用。因为,凡是能更好地达到目的的事物,总是更有成效。现在显然可以看出,凡是本身是个统一体的事物,总能比多样体更容易产生统一;正如本身是热的东西,最能适应热的东西一样。所以由一个人掌握的政府比那种由许多人掌握的政府更容易获得成功。

而且，显然可以看出，如果许多人意见分歧，他们就永远不能产生社会的统一。所以，一个由个体组成的多样体就会需要统一作为约束，才能开始以任何方式实行统治。正如一艘船上的全体水手如果彼此意见不一，就永远不能按任何的航线航行一样。但是，只要许多人近乎统一，他们就算是团结一致了。所以，与其让那必须首先达成协议的许多人实行统治，还不如由一个人来统治的好。

再说，既然自然始终以最完善的方式进行活动，那么最接近自然过程的办法就是最好的办法。可是在自然界，支配权总是操在单一的个体手中的。在身体的各器官间，有一个对其他一切器官起推动作用的器官，那就是心：在灵魂中有一个出类拔萃的机能，那就是理性。蜜蜂有一个王，而在整个宇宙间有一个上帝，即造物主和万物之主。这是完全合乎理性的：因为一切多样体都是从统一产生的。因此，既然人工的产物不过是对自然作品的一种模仿，既然人工的作品由于忠实地表明了它的自然范本而益臻完美，由此必然可以得出结论，人类社会中最好的政体就是由一人所掌握的政体。

这个结论也可以从经验得到证明。现在并非由一人所统治的城市或省份，常常由于倾轧而陷于分裂，并不断纷争；所以，当上帝说"许多牧人毁坏我的葡萄园"(《耶利米书》，第十二章，第十节)的时候，他的话看来是要应验的。反之，由一个国王所统治的城市和省份却是一片升平气象，公道之风盛行，并因财富充盈而民情欢腾。所以上帝通过先知答应他的人民：作为一个巨大的恩惠，他要把他们放在一人之下，只有一个君主来统治他们大众。

第三章　暴君政治、即君主政治的腐化变质是最坏的政体

由一个国王执掌政权的政体是最好的政体，同样地，由一个暴君执掌政权的政体是最坏的统治形式。市民政治可以和民主政治相对照，因为像我们已经指出的那样，二者都是由多数人统治的形式。与此相同，贵族政治也和寡头政治形成对照，因为二者都是由少数人统治的形式。最后，暴君政治可以和国王的统治相对照，因为二者都是单独由一个人实行统治的。我们已经指出，君主政治是最好的政体；所以，由于最好的形式可以和最坏的形式相对照，我们可以推断说，暴君政治是坏的政体。

而且，统一的政权比分散的政权较为有效。团结在一个团体里的许多人，可以拖动他们在分散的情况下靠单独的努力无法拖动的东西。所以，正如一个能够造福的政权愈是统一愈好一样，一个善于作恶的政权就是统一的害处比分散来得大。一个无道的统治者所行使的政权是与社会有害的，因为他把私人利益代替了公民的共同福利。所以，有道的政权所凭借的统一的规模愈大，这种政权就愈加有益。君主政治优于贵族政治，而贵族政治又优于市民政治；在无道的政权下，情况恰恰相反，因为它所凭借的统一的规模愈大，它就愈加有害。所以暴君政治比寡头政治有害，寡头政治又比民主政治有害。

再说，使政权无道的因素是，统治者在追求个人的目的时损害了公共利益。所以，公共利益所受的损害愈大，政权就愈加无道。

在寡头政治制度下,所考虑的只是少数公民的私人利益,因而这种制度就比为多数人的目的服务的民主制度更不顾公共利益。在暴君统治下,所考虑的只是如何满足个人的欲望,因此它对公共利益甚至危害更大。多数人比少数人更接近一般性,而少数人又比一个人更接近一般性。所以暴君政治是最无道的政权形式。

上帝以最可赞叹的方式安排一切事物,而研究上帝的法度,就显然可以得出同样的结论。既然一切事物的安排都以帮助善的产生为目的,善就在一切事物中由同一个完美的根源产生出来;而恶则是由怪僻和个人的缺点中产生出来的。在一个人的身体上,除非各部分配置得很协调,就谈不到美;但只要有一个部分配置得不合适,就立刻显得很难看。因此丑可以以多种方式和由于种种不同的原因产生出来;至于美,却只有一个完美的根源。在任何场合,只要善与恶形成对照的局面,就发生这种情况;仿佛天意要让从单一的根源产生的善力量强些,让由于种种不同的原因产生的恶力量弱些。所以,有道的政权最好单由一个人来掌握,因而也就是由强者来掌握。但如果这样的政权一旦变为无道,那么由多数人来掌握从而在内部摩擦的影响下趋于衰弱,就比较好些。所以,在各种无道的政权形式中,民主政治是最可容忍的,暴君政治是最坏的。

如果我们考虑到随着暴君政治而产生的恶,我们也会得出同样的结论。因为暴君既然置公共利益于不顾,就专门追求个人欲望的满足。因此,他按照他在追求放纵生活时受其支配的情欲的性质的不同,用种种方法压迫他的臣民。如果他是个沉迷于贪婪的人,他就窃取他的臣民的东西;所以所罗门说(《箴言》,第二十九章，第四节）："王借公平，使国坚定；索要贿赂，使国倾败。"另一方面，如果他容易发怒，他就会满不在乎地流血：所以《以西结书》里说（第二十二章，第二十七节）："其中的首领仿佛豺狼抓撕掠物，杀人流血，伤害人命。"传道者也劝我们要避免这样的政权，他说（《传道书》，第九章，第十八节）："疏远有权杀你的人。"在这种政权下，死亡不是为了正义的需要而是由于放纵的情欲不自然地来到的。在这种情况下没有安全，一切都是靠不住的。因为没有法律；同时你无法信赖别人凭他的意愿，或者毋宁说是兴之所至而做出的事情。这样的压迫不但影响人民的物质福利；他们的精神上的安宁也受到威胁。因为那些但求掌权而不求为社会服务的人在其臣民的任何进步的道路上设置障碍，因为他们疑心这种进步会威胁他们的万恶的统治。暴君们所猜疑的总是好人而不是恶人，并且还常常害怕德行。他们经常想方设法阻挠他们的臣民成为有德之士，阻挠他们在胸襟的豁达方面有所提高，免得他们在无道的统治下渐渐不稳起来。他们阻挠他们的臣民彼此建立友谊，享受友爱和平的利益；希望他们经常处于互相猜疑的状态，永远不能联合起来反对暴君的政权。所以暴君们在他们的臣民之间散播不睦的种子，在发生倾轧的地方煽风点火；同时他们还禁止人们的一切有利于融洽感情的举动，例如婚礼和宴会，以及所有那些能在人们中间一般地产生亲密感情和信赖心的活动。他们也想法使任何人不能获得权力或财富：因为他们凭自己的坏心肠来衡量他们的臣民，并且，他们自身既然把权势和财富用在作恶的方面，就唯恐他们臣民的权势或财富与他们不利。所以约伯在提到一个暴君时说（《约伯书》，第十五章，第二十一节）："惊吓的声音常在他耳中，甚至在太平无事的时候（即没有人打算害他的时候），他也总是疑心人家有阴谋活动。”由于这个缘故，如果那些本来应该鼓励他们的臣民修身敦行的统治者反而怀着猜忌和恶意看待一切德行，想尽办法来加以阻挠，那么在这种暴政的统治下，有德之士就寥寥无几了。正像亚里士多德所说的，在推崇实力的人中间可以找到强者；西塞罗也说过：“无论什么事情，只要普遍受人轻视，就会衰退而不再盛行。”难怪那些在畏惧的气氛下教养出来的人精神委靡软弱，害怕应付困难的或费劲的工作。这从那些长期处在暴政下的国家的经验中也可获得证明。所以使徒保罗说（《歌罗西书》，第三章，第二十一节）：“你们做父亲的，不要惹儿女的气，恐怕他们失了志气。”正是由于考虑到暴政的这些恶果，所罗门才说（《箴言》，第二十八章，第十二节）：“恶人兴起人就堕落”，因为歹毒的暴君们使人们不再去求得德性的完备。他又说（同上，第二十九章，第二节），“恶人掌权，民就叹息”；还说（同上，第二十八章，第二十八节），“恶人兴起，人就躲藏”，——以躲避暴君们的虐政。这也是没有什么可以奇怪的。因为，一个不是根据理智而是根据情欲行使职权的人实际上与禽兽毫无分别。因此所罗门说（同上，第二十八章，第十五节）：“暴虐的君王辖制贫民，好像吼叫的狮子，觅食的熊。”所以人们逃避暴君，像逃避凶恶的野兽一样；听任一个暴君摆布，也同听任一只野兽摆布没有什么分别。

第四章　罗马的政权类型以及有时在多数人执掌的政权中出现的好处

因为在君主政体或由一人掌权的制度下既出现最好的事情，

也出现最坏的事情，所以许多人在知道了暴政的种种祸害以后，怀着憎恨的心理看待国王这个名称。有时候也发生这样的情况：那些希望受国王统治的人结果反而遭到野蛮暴政的荼毒；并且有太多的统治者用王权的威严这套外衣把他们统治的无道掩盖起来。罗马共和国的历史不乏这种例子。罗马人的最初几个国王，是在人民不愿再忍受他们的统治——或者毋宁说是他们的暴政——所给予的负担时被赶走的。于是罗马人就为自己设置一些执政官和其他的长官来治理和指导他们；希望由此把君主政体改为贵族政体。萨勒斯特①在谈起这一点时说："如果我们想到，罗马国家一经获得自由就怎样迅速地发展起来，那简直是难以置信的。"人们在君主统治下往往不大容易对公共福利发生兴趣；因为他们认为他们无论对公共幸福作出任何贡献，都不能使自己得到好处，而只会便宜任何出来掌握公共利益的个人。但如果不是一个人掌握公共利益，他们在着手处理共同的事业时就觉得这好像是他们自己的事情，并不单纯对另一个人有好处。所以经验已经证明，一个每年更换其行政官吏的城市所作出的成绩，有时超过君主政体下三四个城市；而一个国王强逼其臣民履行的一些小事，比公民的社会硬性要求的重得多的负担更加难于忍受。罗马共和国在这方面提供了一个很好的榜样。在罗马共和国，人民都应征服兵役，而服兵役是有报酬的。但当国库不足以应付这项支出时，就向私人财产征课重税，结果连元老院的议官除保留一个戒指和一颗代表其官

① 萨勒斯特（Sallust，公元前86—34年），罗马历史学家和政治家，著有《卡蒂利那战史》、《罗马共和国史》（仅存残篇）等。——译者

职的印章外，把全部的黄金都拿出来了。可是后来，他们被发展成为内战的不断的纷争所削弱，丧失了他们曾经拼命争取到手的自由，落入一系列皇帝的统治之下；这些皇帝最初还不愿意接受君主的称号，因为当时君主这个名称依然是不受罗马人欢迎的。这些皇帝中有某几个皇帝按照贤明的君主的榜样，诚诚恳恳地为公共利益服务；依靠他们的努力，罗马国家的实力和势力都有所增长。然而，他们大多数人对自己的臣民横施暴虐，在敌人的面前又懦弱无能；所以在他们的统治下，罗马国势日削，终至不可收拾。在犹太人方面也可以看到同样的历史。当最初他们由士师统治的时候，他们遭到敌人的蹂躏。这是因为各人都养成了各扫自己门前雪的习惯。接着，上帝答应他们的要求，给了他们国王；但由于他们的国王的罪过，他们背弃了对于真正的上帝的崇拜，终于变成俘囚。因此，从一方或另一方来说，都存在着危险：无论是由于害怕暴政而丧失君主政体的种种难得的好处，还是为了求得真正的王政而使政权变为作恶多端的暴政。

第五章　君主制度是防止暴政的上策

如果两个行动方针都隐藏着危险而又必须作出抉择，人们就会选择流弊较少的一个。可是，如果君主制度蜕化为暴政，那么它所带来的恶果比多人执掌的政权变成腐败时为少。这是因为一般在多人执政后随即发生的纷争是有害于和平的利益的，而和平对于任何社会生活来说都是最重要的条件。但这种利益并不会完全被暴政所摧毁，因为在暴君统治下，最为人喜爱的是个人欲望的得到满足；当然，如果横暴无边，以致整个社会遭到奴役，那又当别论。所以一人的统治比多人的统治好，虽然二者都有其本身的危险。

其次，最好还是不要采取那种往往会接二连三地引起危险的行动方针。但是对于一个社会来说，最大的危险往往多半不是从一人执政的制度下而是从多人执政的制度下产生的。这是因为，如果一个人是许多执政者之中的一个而不是单独的执政者，他可能更容易不顾公共利益。无论什么时候，只要在组成政府的若干成员当中有一个人不能履行他对公共福利的责任，他就有使全社会发生争吵的危险；因为统治者之间的不和常常引起普遍的纷争。另一方面，如果只有一个人单独执政，他就会更多地注意公共利益；即使他不存这种崇高的意愿，我们也并不一定能够就此断定他将压迫整个社会，立刻成为一个专制暴君，而暴君政治，正如我们已经知道的那样，是不良政治制度中最坏的形式。所以，由多人执政的制度下产生的危险比那由君主政治所引起的危险更应当加以避免。

而且，在多人执政的制度下，也像在君主制度下一样，其政治往往容易蜕化为暴君政治；事实上，它也许更为常见。这是因为，在多人执政的制度下突然发生纷争时，一个人往往会在其他一些人之间居于领袖地位，并僭取对整个社会的统治权；从历史上所发生的事件中可以清楚地看到这一点。像罗马国家的历史充分地表明的那样，几乎每一个多人统治的政体结果都变成了暴政。因为，在执政官的长期统治之后，就开始发生阴谋、纷争甚或内战；于是共和国落进了最残酷的暴君的手中。事实上，一般说来，我们如果既注意历史事件又注意我们当代的大事，就可以清楚地看出，在多人执政的国家里，往往比在君主统治的国家里更易层出不穷地产生暴政。

由此可见，如果说作为最优良的政权形式的君主制度主要由于暴政的危险而应当加以避免，如果说在一个多人执政的制度下不是较难而是更容易产生暴政，我们就只能得出这样简单的结论：君主制度下的生活比在多人执政的制度下来得好。

第六章　君主制度的优点以及防止其蜕化为暴君政治的必要措施

既然一人执政是最优良的制度因而值得欢迎，既然像我们已经指出的那样，它经常有可能发展成为从政体上说是最坏的暴君政治，所以必须采取各种预防措施，使提供给社会的统治者不致成为暴君。首先，在可能的候选人中，无论谁被宣布接任王位，都应具有那种使他不致成为暴君的德性，这是十分必要的。所以撒母耳在赞美上帝设立王位的时候说(《撒母耳记上》，第十三章，第十四节)，“耶和华已经寻着一个合他心意的人，立他作百姓的君。”其次，君主制度在组织上应作这样的规定，使国王一旦当政时没有机会成为暴君。同时应该适当地限制王权，使他不能很容易地转向到暴政方面去。为此目的而应该采取的步骤，将在以后讨论。最后，我们必须考虑，万一国王横暴起来，应当采取什么行动。

如果暴政出乎意料地并不过分，那么，至少在一个时期内有限度地加以容忍，而不是由于反对它而甚至冒更大的危险，这肯定是比较精明的办法。因为，起来反对暴君的人也许达不到目的，而只能促使暴君变得更加凶残。即使反对暴君的行动获得成功，这种事实本身也会在起义的时候或者在推翻暴君之后引起人民中间严重的不和与争吵，因为在那个时候，社会上关于新政体的意见是按派系的不同而颇有分歧的。此外，一个集团有时能借用另一个统治者的力量来废黜暴君，但这个统治者接着就把专制政权抓在自己手里。担心重蹈覆辙的心理迫使他甚至更严厉地对待他的新的臣民。所以以暴虐的情形来说，往往是新的暴君比旧的暴君更坏；这是因为新任全盘承袭了前任的虐政，并甚至存心不良地策划更厉害的高压手段。所以，当叙拉古人都盼望台奥尼西厄斯死亡的时候，还有一位老太太不断祈祷，希望他死在她的后面。那位暴君在知道了这件事情以后，问她为什么要这样做法；她回答说，“当我还是一个姑娘的时候，我们都受一位暴君的压迫，因此我盼望他死；他被人杀死了，但继承他的人把我们压迫得更厉害；于是我又非常高兴地看到他的政权的垮台。可是接他的位的就是您这个甚至比他还要苛酷的统治者。所以我耽心，要是您离开了我们，您的后任会比您格外可怕。”

但是，有人主张，如果虐政分外厉害，达到不堪忍受的地步，那么由一些比较有力量的公民起来杀死暴君，甚至为了解放社会而甘冒牺牲生命的危险，那也不失为一件好事。在《旧约全书》里就有这种情况的一个例子。有一个名叫以笏的把一柄短剑刺进了摩押王伊矶伦的肚腹，杀死了他，因为他使上帝的百姓遭受可怕的奴役：以笏为此作了人民的士师。[①] 但这并不符合使徒的教义。因

① 参阅《士师记》，第三章，第十五至二十二节。——译者

为彼得教导我们不但要服从善良温和的君王，而且也要尊敬乖戾的君王（《彼得前书》，第二章，第二十节）。“受苦忍耐，这在神看来是可喜爱的。”因此，在许多罗马皇帝迫害基督教的期间，有很大一部分人（既有贵族也有平民）改信基督教，并且不作任何反抗，而是怀着极大的勇气和愤怒为基督殉死；这从西比斯的神圣团的例子可以清楚地看出来。至于说到以笏，他所杀死的似乎是个敌人，而不是人民的合法的但暴虐的统治者。所以在《旧约全书》里，我们又读到：那些杀死犹大王约阿施的人被处死刑，即使他是一个背信者；他们的儿子按照摩西律法免了死罪。[1] 如果个人自动地企图杀害统治者，尽管那些统治者非常暴虐，那无论对社会和它的统治者来说，都确实是很危险的。事实上，作恶的人比正直的人更容易招惹这种危险；因为一个有道之君的统治对恶人来说并不比暴君的统治好应付些；因为正如所罗门所说的（《箴言》，第二十章，第二十六节），“智慧的王驱散恶人。”这种无礼行为的结果很可能是使社会失去一个贤君，而不能从抑制暴政方面得到什么好处。

由此看来，克服暴政弊害的办法应以公众的意见为准，而不能以若干个人的私见为断。特别是在一个社会有权为自身推选统治者的情况下，如果那个社会废黜它所选出的国王，或因他滥用权力行使暴政而限制他的权力，那就不能算是违反正义。这个社会也不应为了这样地废黜一个暴君而被指责为不忠不义，即使以前对他有过誓效忠诚的表示也是如此；因为这个暴君既然不能尽到社会统治者的职责，那就是咎由自取，因而他的臣民就不再受他们对

① 参阅《列王记下》，第十四章，第五至六节。——译者

他所作的誓约的拘束。所以罗马人废黜了他们以前承认为王的傲慢的塔尔基尼乌斯，为的是他和他的几个儿子都很专横跋扈，并代之以较小的或执政官的政权。同样，继其父维斯巴西安及其兄泰塔斯这样一些最温和的皇帝而登位的多米希安，也因鱼肉臣民为罗马元老院杀死：他对罗马人所做的一切侵害权利的行为，都被元老院英明地和合法地加以废除，并宣布无效。这样，被多米希安放逐到帕特摩斯岛上去的上帝的爱徒圣约翰，就由元老院放回以弗所。

如果在另一方面，任命国王来统治某一个社会的权利属于一位长辈，那么，纠正过度暴虐的办法就必须向他求取。例如，当阿基劳斯代替他的父亲赫罗德实行统治并开始模仿他父亲的恶行时，犹太人到恺撒·奥古斯都那里去控诉他。因此，起初是他的权力受到限制；他的国王的称号遭到剥夺，半个王国被分给了他的兄弟。后来，当这个办法还不足制止他的暴政时，他被提庇留·恺撒放逐到法国的里昂城。

最后，当没有希望靠人的助力来反对暴政时，就必须求助于万王之王的上帝，即所有那些在苦难之时向其呼吁的人们的救助者。这是因为他有力量使一个暴君的铁石心肠变为柔和；所罗门也说过（《箴言》，第二十一章，第一节）：“王的心在耶和华手中，好像垄沟的水，随意流转。”当亚述王想要杀死犹太人时，上帝把他的残暴变为怜悯。也正就是上帝的力量，使凶残的尼布甲尼撒王幡然悔改，公开地承认神力的伟大：“现在我尼布甲尼撒赞美、尊崇、恭敬天上的王，因为他所作的全都诚实，他所行的也都公平，那行动骄傲的，他能降为卑”（《但以理书》，第四章，第三十四节）。至于那些他认为不值得感化的暴君，他能使他们不再和我们在一起，或使他们处于无能的地位，正如传道者告诉我们的那样（《传道书》，第十章，第十七节）："上帝已使许多傲慢的君王失去王位，代之以谦恭的君王。"而且，正是他看到他的百姓在埃及受苦，并听到他们的呼声，所以把横暴的法老和他的全军投在海里。他不但废黜了上文已经提到的傲慢的尼布里尼撒王，而且把他像野兽一样从众人中间驱逐出去。即使现在，上帝也同样有强大的权力可以把他的百姓从暴君们的压迫下解放出来。他通过以赛亚，答应让他的百姓脱离苦役，脱离他们以前的狼狈处境和遭受的悲惨的奴役，安享太平的日子。并且他通过以西结说道（《以西结书》，第三十四章，第十节）："我必救我的羊脱离他们的口。"这就是从那些只顾自己吃饱的牧人手里把羊追回来。但是，人们必须避免作恶，才有资格享受上帝的这种利益，因为恶人根据神的准许得以实行统治，是对于世人的罪孽的惩罚，正如上帝本身通过何西阿向我们警告说（《何西阿书》，第十三章，第十一节）："我在怒气中将王赐你。"并且，《约伯记》（第三十四章，第三十节）里也说，"他因世人有罪，使伪善者为王。"因此必须首先赎罪，才能不再受暴政的折磨。

第七章　荣誉或荣耀都足以激励君主实施仁政

既然像我们已经指出的那样，一个国王的责任是关心社会的福利，既然这样的任务如果不带有某种相应的报酬就显得过分繁重，现在我们就应当估量一下一个贤明君主的特殊报酬是什么。

有些人认为这不外乎是荣誉和荣耀，例如，西塞罗就说过(《论共和国》)："一个城邦的统治者应当因获得荣誉而感到快慰。"其中的道理似乎在亚里士多德的《伦理学》里有过简单的说明，那时他说，"任何一个君主，如果对于自己的荣誉和荣耀还不感到满足，就成为一个暴君。"这是因为在一切人的灵魂深处都有一种力求使自己的欲望得到满足的冲动。所以，如果一个君主不满足于他所享有的荣誉和荣耀，他就会追求更多的财富和欢乐，因而贪得无厌，虐待臣民。

可是，如果我们接受这样的意见，许多不幸的后果即将随之发生。首先，一个国王要担当这样重大的任务，刻无宁晷地为这么多的事情操劳，而报酬又是这样微薄，这对他来说简直是太困难了。在人类事务的整个范围内，看来最不可靠的，莫过于因获得舆论的拥护而享有的荣誉和荣耀，因为这种拥护的基础是世界上最易发生变化的人们的意见。所以先知以赛亚把这种荣耀比作田野里的青草(第二十二章)。而且，贪求世间荣耀的欲望戕贼着高尚的心灵。这是因为，只要谁希求博得人们的欢心，他就必须在自己的一切言行方面考虑到他们的欲望：这样，他为了想讨好人们，就变成许许多多个人的奴仆。由于这个缘故，上面提到的那位西塞罗在他的《论义务》一文中告诫我们要提防萌生贪求荣耀的欲念。事实上，正是这一欲念在摧残着应当成为君子的最大愿望的那种精神自由；而对于一个希望其施行仁政而推选出来的君主来说，最贴切的性格就是这种胸襟的豁达。所以我们必须断定，人世的荣耀是不足以酬劳君主的职务的。

不仅情况如此，而且把这种报酬放在君主面前是对社会有害的；因为一个正直的人的本分是轻视荣耀，连同其他一切世俗的报酬。涓介的有德之士应当为了正义而轻视荣耀甚或生命本身。所以，我们说荣耀随德行以俱来而同时在轻视荣耀的行动中又存在着美德，这乃是看来似乎矛盾实则含有真理的话。于是，一个人由于轻视荣耀而其名益彰。非比阿斯就说过，“唾弃荣耀的人才会找到真正的荣耀”；萨勒斯特在谈到伽图[①]时说，“他愈不求名，名气愈大。”基督的门徒则通过好的名声和坏的名声证明自己是上帝的光彩的和丢脸的仆人。因此，仅以好人所力求避免的荣耀来酬劳一个好人是不恰当的。如果这就算是执掌国政的唯一报酬，其结果好人就永远不会接受这样的职位，或者即使接受的话，他们也不得不却酬而去。

而且，酷慕荣誉常常引起其他一些比较危险的弊害。许多人曾经受到诱惑，想利用挑起战争的办法来求得显赫的威名，他们在全军覆灭的时候让祖国的独立听任异邦的摆布。由于这个缘故，罗马人的国王托尔夸都斯为了想表明避免这种危险是多么必要，杀死了他自己的儿子，因为后者在受到敌人的嘲弄以后按捺不住怒火，违背了父亲的命令，即使这位国王在血气方刚时也曾杀死过他的敌人。他十分担心这种行动莽撞的榜样可能引起的祸害，远远地超过从杀死一个敌人所得的好处。

另有一种在性质上同贪图荣耀相仿的弊害，那就是诈欺。只

① 伽图(Cato，公元前234—前149年)，罗马执政官和监察官，捍卫贵族特权，主张对迦太基作战，著有《农业》文集。——译者

有真正的美德才是可敬的，而要体己力行很少人能够做到的这种德行，则十分困难；但因为许多人都希望显身扬名，他们就不免装出一副道貌岸然的样子。所以，像萨勒斯特所说，“功名心造成许多虚伪：他们由于口不应心，徒有其表而无内容实质。”我们的救世主也把那些只是为了装饰门面而行善的人称为伪君子和伪善者。所以，如果统治者追求欢乐和财富作为他的报酬，从而变得贪婪和傲慢，这对社会是危险的；与此相同，如果他一味崇尚浮华，从而趾高气扬，自欺欺人，那也是危险的。因此，我们最初引证的那些英明作家的意图，不是想把追求荣誉和荣耀的欲念说成是圣主贤君的真正目的、仁政的主要酬劳；而是想证明，一个君主贪图荣华，总比他一味追求财富和欢乐来得好些。其理由是，贪图荣耀固然也是一种恶习，但还比较接近贤德；因为，正像奥古斯丁所说的那样，人们所追求的荣耀无非是社会对那些能够尊敬同胞的人作出的评价。所以，追求荣耀的欲念带有几分德性，因为它至少是在力求获得善良人士的赞许，并避免使他们生气。既然真正德行高超的人不可多觏，那么退而求其次，选择一个至少能对人们的指摘有所顾忌因而不致公然作恶的人担任国王，就似乎是比较可以原谅的了。

事实上，一个企求荣耀的人不是被迫走上博得人们赞许的真正德行的道路，便至少是竭力想用欺骗和欺诈的手段赢得这种赞许。但是，一个但求统治而不计较荣耀的人将不怕公正人士的指责，而是会越来越厉害地以毫不掩饰的罪行拼命求得他所需要的东西，其残暴淫乱甚至胜过禽兽。所以奥古斯丁在提起尼禄时说，他居心不良，根本干不出任何光明正大的事情来，同时他又非常残忍，在他的性情里连最后一点仁慈的痕迹都没有了。亚里士多德在《伦理学》里对道德高尚的人士的描写把这问题讲得很清楚。这样的一个人并不把荣誉和荣耀当作德行的完全的和十足的报酬来追求;然而他又甘心不向人们接受更多的东西。这是因为,一切世俗的报酬中最高的报酬也许就在于:一个人的德行由他的同胞通过舆论来加以证实。

第八章　君主政体的真正目的

因此,如果世俗的荣誉和荣耀不足以酬报君主职务的种种操劳,我们就势必还要确定它的适当的报酬是什么。当然,一个国王指望上帝给予某种报酬,这是正确的;因为一个仆人总希望他的主人能够对他的辛勤服侍给予奖赏,而治理其人民的国王则是上帝的一个仆人,正如使徒保罗告诉我们的(《罗马人书》,第十三章,第一、四节),"没有权柄不是出于神的",还有,"他是神的用人,是申冤的,刑罚那作恶的。"或者还有,在《箴言》中,国王被称为上帝的仆人。因此,国王必须期望从上帝那里获得酬劳以报答他的施政。上帝有时确也用世俗的利益酬劳国王的服务,但是这种酬劳对贤王和昏君没有差别。例如,耶和华说(《以西结书》,第二十九章,第十八节),"巴比伦王尼布甲尼撒使他的军队历尽艰辛去攻打推罗,然而他和他的军队并没有从那里得到什么酬劳。"根据这位使徒的说法,这是有势力的人物对恶人复仇,从而赖以成为上帝的仆人的一种服务。至于酬劳,他以后又作了补充:"所以主耶和华如此说,我必将埃及地赐给巴比伦王尼布甲尼撒,他必掠其财物,这就可以作为他的军队的酬劳。"作恶的国王虽然对上帝的敌人作战,却只是激于仇恨和掠夺欲，本意并不想为上帝服务；因此，如果说上帝使他们战胜敌人，使若干王国屈服于他们的武力之下，并使他们能够大肆掳掠，作为优厚的酬劳，那么，对于那些为上帝的百姓虔诚地服务并反对他们的敌人的贤明统治者，上帝的酬劳又是什么呢？对于这样一些人，他所答应给予的不是世俗的而是天上的报酬，是一种只能在上帝那里找到的报酬，正如圣彼得对神的群羊的牧人所说的那样（《彼得前书》，第五章），"务必牧养在你们中间神的群羊，当牧长显现的时候，你们必得那永不衰残的荣耀冠冕。"以赛亚也说起这一点（第二十八章，第五节），"万军之耶和华必作他余剩之民的荣冠华冕。"

这个结论也可以用理论来证明。在所有那些从理性上认为幸福是美德的报酬的人的心目中，存在着一种坚定的信念。事实上，任何方面的美德都可以说成是使有德之士臻于完美并使行动广结善果的因素。但每一个人即使作风正派，也总竭力想要得到他所最企求的东西，即争取幸福；因为谁也不会希望得到其他的任何东西。因此，我们可以正确地得出结论，美德的酬报是使人幸福。既然美德以正当的行动为依归，国王的职责是公正无私地治理他的臣民，王位的报酬也就在于幸福。我们现在必须更深入地探究幸福这个词的含义。幸福可以界说为一切欲望的终极目的；因为欲望的动力并不是无限的。否则的话，这样的欲望就会是出乎本性的和没有效果的；因为无限的东西是不可能得到的。但是，因为一个有理智的人所企求的是带有普遍意义的美德，只有在具备这种美德并且此后不必再有何希求时，他才算是真正享受到幸福。正是由于这个缘故，幸福才被称为至善，好像它本身就包含着一切值得想望的东西似的。但任何世俗的美德都做不到这一点。有财产的人会贪求更多的财富;对于其他的东西也会发生同样的情况:即使他们并不贪多,至少他们也想保留手头现有的东西,或用别的东西代替他们现有的东西。世俗的事物缺乏永久性,因而任何世俗的事物都不能充分满足欲望。所以我们必须断定,没有一种世俗的满足能够给国王带来幸福并给予恰当的酬劳。

而且,任何事物的尽善尽美的状态都是它所带有的某种高出一筹的东西造成的:正如各种物体由于一些比较优良的物体的混合而变得更加贵重,由于一些比较普通的物体的混合而变得较为低贱一样。银同金混合时变得更加贵重,但同铅混合时就降低了质量。不过,显然可以看出:一切世俗的事物都不如人的思想来得优越;另一方面,幸福是人的最完善的境界,同时也是所有的人都想达到的善的顶峰。所以,世间没有一种事物能使一个人得福;因而也没有一种世俗的报酬足以酬劳一个国王。正如圣奥古斯丁所说的,我们并不认为,基督教国王在位愈久,或因他们能够安静地死去并把王位传给他们的子孙,就愈加幸福,也并不认为他们能够击败敌人或镇压国内的叛乱,就愈加幸福。相反地,如果那些国王能广施仁政,乐于惩恶而不欺压人民,为了爱慕永恒的幸福而不是为了贪图虚荣以尽其职责,我们才认为他们是幸福的。对于这种基督教国王,我们可以作这样的断言:由于他们满怀希望,他们在今世是幸福的;当他们在来世实现了一切希望以后,也将仍然如此。没有其他任何报酬能使一个人感到幸福,我们也不能认为其他任何报酬对国王的职位是合适的。这是因为,存在于一件事物中的欲望经常会促使它追溯其根源或始因。但人的始因却正就是按其自身的形状以创造人类的上帝。因此，只有上帝才能满足那种存在于人类心中的欲望并使人幸福。只有上帝才是一个国王的适当报酬。

再说，人是能够依靠理智来认识普遍存在的善性并依靠意志来要求获得这种善性的。但是普遍的善只有在上帝身上才能找到。因此，除上帝之外任何东西都不能使人幸福并满足他的一切愿望；《诗篇》在谈到上帝时说（第一百零三篇，第五节），“他用美物使你的愿望得到满足。”所以必须在上帝身上一个国王才能找到他的酬报。大卫王在思考这个问题时说（《诗篇》，第七十三篇，第二十五节）：“除你以外，在天上我有谁呢？除你以外，在地上我也没有什么可爱慕的。”后来，他在回答这个问题时补充说：“我亲近神是与我有益的。”正是上帝而不是别人，他不仅给予国王们以人和禽兽所共同享受的世俗的超度，而且还给予他们以以赛亚所说的那种希望（第五十一章，第六节）：“惟有我的救恩永远长存。”这就是上帝给予人们的礼物，这种礼物使他们和天使处于同等的地位。

在这个意义上，我们可以正当地断定，一个国王的酬报在于荣誉和荣耀。因为，世间的转瞬即逝的荣誉哪里能和那种使你成为上帝家族的一个公民和成员的力量相比；靠了这种力量，你才能列为上帝的儿子，并和基督一起成为天国的共同继承人呢？这就是大卫所企求的和竭力赞扬的荣誉，所以他说（《诗篇》，第一百三十八篇，第四节）：“耶和华啊，您的朋友因您而大有荣耀。”任何受世人称颂的荣耀怎能同这种既非起源于花言巧语的阿谀，又非起源于朝三暮四的舆论，而是由天良的内心作证所产生的荣耀相比呢；这种荣耀是由上帝对这样一些人的允诺所证实的，这些人向上帝表白:上帝将在他的天使面前为他们的赞扬上帝的行动作证。凡是追求这种荣耀的人一定可以如愿以偿,而上帝也会把他们所不想追求的世间的荣耀给予他们;正如我们从所罗门的例子中看到的那样,他不仅获得了他向上帝求取的智慧,而且享有了高于其他一切国王的盛名。

第九章　天堂的最高幸福是人君的酬报

现在我们还要进一步研讨一下,可以用来酬劳那些杰出而威严地君临天下的人们的幸福状态究竟有什么特点。因为,如果说幸福是美德的报酬,那么由此可以推断,较大的美德应该得到较大程度的幸福。要一个人不但管理他自己而且管理别人,那就需要有卓越的德性;并且,受其治理的人愈多,这种德性也就会愈加卓越:好比在体力方面,一个人由于他所能够战胜的人数或举起的重量而被认为气力较大一样。同样地,管理一家比约束自己个人要求有更大的德性;至于治理一个城市或一个王国,那就更其如此。所以,要能够出色地执行国王的职务,就必须具有过人的德性,并且应当得到较大程度的幸福作为酬报。

其次,在每一种艺术或科学方面,凡是能够正确地支配别人的,总比单纯胜任地执行别人指示的人更值得称道。在纯理论科学方面,能用教学的方式向别人阐释真理,比只能了解别人的教导更为重要。在艺术方面也是如此,一位建筑师同努力按照他的设计图样兴建房屋的匠工相比,就因为他设计了房屋而更受尊敬,所得的报酬也比较高。在战争中,胜利的光荣多半是留给将军的英明指挥而不是留给士兵的顽强性的。一个社会的统治者对其社会成员的德行来说，所处的地位与教授之对于科学，或建筑师之对于建筑，或将军之对于战争并无二致。由于这个缘故，一个国王为了公正地统治他的臣民，比他的一个臣民为了在他的治理下循规蹈矩，理应获得更大的报酬。

而且，如果说德性是使一个人作出善行的条件，那么较大的善行似乎就需要有较大的德性。社会的利益大于个人的利益，并且更为神圣。所以，对于某一个个人的伤害有时是可以容忍的，如果这种伤害是有利于社会福利的话；例如，为了社会的安宁把一个盗贼处以死刑时就是如此。如果世间的不幸不能产生善果，那么为了普天之下的利益和融洽，上帝是不会容许这种不幸存在的。国王的职责就在于殚心竭虑地增进公共福利。所以，较大的报酬应当给予国王以酬谢他的英明统治，而不应给予他的臣民以奖励他们的正确行动。

当我们更详尽地研讨这个问题时，上面所提到的那一点就甚至可以看得格外清楚。如果一个人能帮助穷人，使彼此敌对的人言归于好，或者保护弱者使其不受强者的欺凌，总之，如果他能通过某种帮助或劝导而使另一个人受惠，他就会为人们所称颂，上帝也会认为他是值得奖赏的。如果一个人能使全国共庆升平，制止强暴，维护正义，并通过他的法律和命令来指挥人们的行动，他不是远比其他的人更值得世人的称颂和上帝的奖赏吗？

国王的盛德的伟大之处可以从另一个事实看得格外清楚；那就是一个国王是和上帝十分相像的；因为一个国王在他的王国里所做的事情，正就是上帝在普天之下所做的事情。所以在《出埃及记》里，以色列人的士师被称为圣；罗马人的皇帝被他们称作神祇。可是，一件事物愈接近于模仿上帝，就愈能为上帝所接受；所以使徒保罗训诫以弗所人说（《以弗所书》，第五章，第一节）："你们该效法神，好像最亲爱的儿女一样。"如果，根据这位贤哲的意见，每一种动物都喜爱与它相似的东西，那么按照本原与其所产生的东西有某种相似之处这一原理，我们就可以由此推断，贤明的国王是最受上帝欢迎并理应得到他的巨大奖赏的。或者我们也可以借用圣格雷戈里的话，如果心上不起波澜，海上的风暴又算得了什么呢？为风平浪静的时候，连新的水手也能驾驶船只，但是当海上有惊波骇浪冲击的时候，即使是最熟练的水手也可能栽个筋斗。所以，一个人在行使政权的时候，也往往会丧失那种在和平环境里养成的坚决从事正确行动的百折不回的精神。正如奥古斯丁所说的，当国王处在一片歌功颂德和阿谀谄媚的气氛中受那些过分低声下气的人的奉承时，他们是很容易踌躇满志并且很难记住他们还不过是凡人这一点的。我们在《伪经》（第三十一章）中读到："得福的是那没有追求黄金、没有信赖金钱或财宝的人。这种人本来可以犯罪而事实上并没有犯罪，本来会做坏事而实际并没有做坏事。"这是检验德行的真正的试金石，你可以借此来辨识信仰坚定的人。所以，按照贝亚斯[①]的箴言所说，"一个人可以由权力来测验。"这是因为，许多人在还没有飞黄腾达的时候常常道貌岸然，一旦大权在握便立刻背道离德。

① 普雷伊那的贝亚斯（Bias of Priene），公元前 6 世纪古希腊七贤之一。——译者

君主在实行正确措施时所遇到的这一困难，使他们名正言顺地应该得到较高的报酬。如果他们偶或因意志薄弱而犯有错误，他们也比较有可能为人们所原谅，也比较容易得到上帝的宽恕；假使他们像奥古斯丁所说的那样，经常能够为了自己对于真实不妄的上帝所犯的罪过贡献祷告和诚惶诚恐的忏悔。可以作为这方面的例子的是：以色列王阿恰布罪恶严重，神对伊利亚斯谈起他时说（《列王记》，第三卷，第二十一章，第二十九节），"因为他已为了我的缘故低首下心，我决定不让他在生前遭难。"

可是，国王应当获得高的报酬，这还不仅是理论上的推断；还有神的凭据可以加以证实。我们在撒迦利亚的预言（《撒迦利亚书》，第十二章）中读到：在幸福的日子，当耶和华必定保护那些住在耶路撒冷——即生活在永享太平的梦想中——的居民时，所有的人家必如大卫的家一样；因为大家都将成为国王，并且和基督一起掌握权力，像一家的成员和家长一起掌握权力一样。但大卫的家将类似神的家，因为大卫由于实施仁政，对他的人民忠实地完成了神的工作；作为一种报酬，他将更与神接近，同神在一起。这一点在某种程度上也被异教徒预料到了，因为他们相信国家的统治者和解放者都变成了神祇。

第十章　统治者在行使权力时应预定的目标

为了国王能公正地行使其权力而许给的天福的报酬是很大的，因此他们应当煞费苦心地力求避免骄横。事实上，他们应当最为珍视的，就是要带着他们在尘世的那种君王的威仪，被提升到天国去享受荣光。由此可见，暴君们为了世间某种微不足道的欲望的满足而放弃正义，真是铸成大错；因为这样一来他们就使自己丧失了本来可以给予他们的作为酬劳其仁政的最高奖赏。一个人无论多么愚蠢和缺乏敬神的虔诚，总不会不看到，为了这种转瞬即逝的物质的满足而牺牲如此卓越的和永恒的奖赏，乃是十分胡涂的事情。

此外，我们还应当补充这样的事实，即暴君们为之放弃正义的这些世俗的利益，是国王们在尊崇正义时更能大量获得的。尤其是，在这个世界上只有真正的友谊才是最好的东西。因为友谊能够把有德行的人联合在一起，帮助他们保持并巩固他们的德性。不管我们在社会上从事何种工作，我们大家都需要友谊，在顺境和逆境中全不动摇的友谊。友谊是莫大乐事的源泉，如果没有朋友，连最愉快的工作也令人生厌。友爱使艰难的事情变得容易和简直不足挂齿。一个暴君不管向来多么凶残，也没有不喜欢结交一些朋友的。叙拉古的暴君台奥尼西厄斯有两个名叫台蒙和庇蒂亚斯的朋友，当他决定要杀死其中之一时，已被判处死刑的那一位请求宽限几天，让他能够回家去把事情料理一下；另一位朋友自愿充当人质，以保证他如期回来受刑。当刑期迫近而对方并没有回来时，每个人都讥笑人质的愚蠢。可是他表明自己相信朋友的诚实：事实上，在指定的行刑时刻，他的朋友回来了。那个暴君十分赞美双方所表现的临危不惧的气概，为了这种不可动摇的友谊而撤销了原来的判决，并且还要求被容许作为第三者来参加这种友谊的结合。可是，不管暴君们多么希望享有这种友谊，他们却永远不能为自身赢得享受这种友谊的快乐。既然他们所关心的不是公共幸福而是他们的私利，他们和他们的臣民之间即使有情谊的话，也不会有多少。另一方面，友谊却能团结那些由于血统关系、共同的习俗或其他某种共同的关系而连结起来的人们。因此，一个暴君和他的臣民之间的任何友谊都是脆弱的或者不存在的；因为公民们既然处在荒淫无道的暴君的压迫之下，觉得只是受他的轻视而得不到他的关怀，反过来也就不会对他有什么好感。暴君们也没有正当的理由可以埋怨他们不受臣民爱戴，因为他们的一切行径不会给他们带来好感。

反之，贤明的君主由于殚思竭虑地为社会造福，靠他们的努力使其臣民得以享受更繁荣的生活，因而受多数臣民的爱戴，作为他们的仁爱的报酬；因为任何民众都绝不会毫无信义，居然以友为敌，以怨报德。圣主明君所治理的国家之所以巩固，正是由于这个缘故；他们的臣民是愿意为他们赴汤蹈火的。我们在米理斯·恺撒的身上找到这样一个君主的例子，因为斯韦托尼厄斯告诉我们，他热爱他的士卒，在他听到有些士卒阵亡之后，竟至于既不修脸也不理发，一直要到为他们报了仇才恢复常态。这就使他的士卒骁勇善战，对他十分忠诚，甚至有些人在被俘以后，也视死如归，不愿接受以倒戈反对恺撒为条件的赦免。屋大维·奥古斯都施政宽仁，也颇受臣民的爱戴，因此当他病重垂危时，他们有许多人把原先准备自己献神的牺牲贡献出来，祈求他能安然恢复健康。

因此，一个受万民爱戴的君主的政权是不容易推翻的；由于这个缘故，所罗门才说（《箴言》，第二十九章，第十四节），“君王凭诚实判断穷人，他的国位必永远坚立。”相反地，一个暴君的统治既然为民众所唾弃，就必定不能长期存在；因为凡是违反许多人的意愿的事物寿命总是不长的。事实上,暴君们在一生中间很少不遭到某种灾祸的;在多事之秋,总不乏可以起来反对暴君的机会,而一旦碰到这种机遇,许多人中间一定会有人设法加以利用。在这种情况下,人民必将拥护反叛者,而无论是谁,只要在这种行动上能深获人心,多半是不会功败垂成的。所以暴君的政权很难维持久远。

如果我们看一看暴君的保持其权力的方法,上述的那一点就可以看得格外明显。他不可能靠增进感情来维持统治权,因为像我们已经看到的那样,暴君和臣民之间是很少或根本没有什么情谊可言的。当摆脱难以忍受的屈辱的机会自行出现时,群众就不会那么循规蹈矩,还念念不忘忠诚不贰的教条。更可能的是,一般人民觉得在采取一切办法以反抗心肠歹毒的暴君方面倒是并不缺乏信心的。因此,暴政以畏惧为唯一的靠山;暴君们千方百计要使自己为臣民所畏惧。但由畏惧造成的基础是脆弱的。当机会和成功的希望自行出现时,以前由于心怀畏惧而始终唯命是从的人们就会起来反抗他们的支配者;他们一向越是单纯由于畏惧而在愿望上受到抑制,那种叛变的声势也就愈加猛烈。正如水一样,如果强加压抑,当它找到一个出口时就会格外锐不可当地喷射出来。而且,畏惧本身也带有其内在的危险;因为,当恐惧太甚时,它会迫使许多人铤而走险。而一个横下心来的人对于任何企图都是格外容易奋不顾身的。暴政绝不能维持久远。

这个结论从理论上看得很清楚,从实例上也是同样看得很清楚。无论我们考察古代的史实或近代的事件,都很难发现哪一个暴君政权是寿命很长的。为此,亚里士多德在他的《政治学》里列举了几个暴君的名字之后,也接着证明他们的统治是多么短暂;然后他指出，如果有些暴君在位较长，那是因为他们的暴政并不过分苛酷，因为他们在许多方面模仿了一个纯正君主的宽厚气度。

当我们考虑到上帝的判断时，这个问题甚至显得格外清楚。例如，我们在《约伯记》(第三十四章，第三十节)中读到，“他使不虔敬的人不得作王，免得有人牢笼百姓。”最初自愿承担王政的重任，接着便暴露出暴君的面目，要算这种人最可以名副其实地称为不虔敬的人了；因为所谓伪君子，就是那种像做戏一样冒充另一个人的身份的人。所以上帝允许暴君当政，以惩罚他们的臣民的罪孽；而这种惩罚在《圣经》里一般就叫做神怒。例如上帝通过何西阿(第十三章，第十一节)宣布，“我在怒气中将王赐你。”可是，上帝在盛怒之下给予他的百姓的君主是不幸的，他在位的日子也不会很长。因为上帝虽然发怒，绝不会不宽恕百姓并表示怜悯，像我们在《约珥书》(第二章，第十三节)中所读到的，“他有恩典，有怜悯，不轻易发怒，有丰盛的慈爱，并且后悔所降的灾。”所以上帝并不准许暴君执政过久；而是在利用他们对他的百姓刮过一阵风暴以后，他就把他们一扫而光，恢复世间的平静。所以我们在《传道书》(第十章，第十七节)中读到：“神已推翻傲慢的君王的统治，并扶立柔和的君王来代替他们。”

根据经验，我们甚至可以更加清楚地看出，君主靠仁政所获得的财富，比暴君靠强取豪夺得来的为多。暴君的统治是人人发指的，因此他需要有许多卫士来保护他的安全，不受他的人民的暗算；这就使他所付出的金钱远比他能从臣民手中勒索的为多。另一方面，一个君主的政权既然能够迎合臣民的心意，就会由那些不受贪欲驱使的公民本身来加以保卫；事实上，在必要的时候，他们是会很慷慨地把远非任何暴君所能勒索的东西贡献给君主的。这种情况足以证明所罗门所说的话的正确性(《箴言》,第十一章,第二十四节):“有施散的(即君王),却更增添;有贪欲过度的(即暴君),反致穷乏。”所以,由于上帝的公正判断,常常发生这样的事情:积不义之财的人挥金如土,从而发见自己不得不作出赔偿。正如所罗门在《传道书》(第五章,第九节)里所说的:“贪婪的人一定不因获得银子而满足,贪爱财富的人一定不会由此获得利益。”又如他说(《箴言》,第十五章,第二十七节):“贪恋财利的,扰害己家。”可是,对于御德修礼的君主,上帝本身就使他增益财富,正如他对所罗门所做的那样,因为所罗门根据智慧作出判断,同时也就获得了使其财货丰足的诺言。

至于声望,则大可不必浪费时间来加以论述。有德之君不但在生前而且特别在死后总能以某种形式仍然为人们所尊崇和悼念,而恶人的名字总是立刻为人所遗忘,或者,如果他们的罪恶特别昭著,他们只能永遭唾诟,这一点谁能表示怀疑呢?所以所罗门说(《箴言》,第十章,第七节):“义人的遗芳被称赞,恶人的名字必朽烂。”他不是被人忘掉,便只是一具令人掩鼻的腐尸。

第十一章　仁政的物质利益与暴政的不利后果

因此,根据上文所述,君主显然比暴君格外有把握获得政权、财富和荣誉与荣耀的稳定性,而一个妄图用不正当的手段达到这些目的的君主,就有变成暴君的危险。如果一个人由于存有获取某种利益的希望而谨守仁义之道，他是不愿离开这种道路的。可是，一个暴君却会丧失那种酬报有德之君的最高幸福，并且更坏的是，他会自己招来最可怕的报应。如果一个人由于掠夺、奴役或杀害另一个人而理应得到最大的报应，即被世俗法庭判处死刑和受上帝法庭的永远处罚，那么我们不是更有理由说，既然一个暴君掠夺了所有的人，到处蹂躏了一切人的自由，随兴之所至而杀人如麻，他不是应该得到最可怕的报应吗？此外，我们还必须补充说明，这种人是难得悔罪的：他们趾高气扬，由于所犯的罪孽而遭上帝离弃，由于谄谀之徒的包围而变得心如铁石，因而他们确实是很难作出适当的补偿的。的确，他们什么时候能够归还他们分所应得的东西之外一切浮收的利益呢？然而，他们非偿还不可，这是毋庸怀疑的。他们什么时候能够公平地对待他们曾经压迫或虐待的人们呢？除掉他们的顽固不化以外，我们还必须进一步注意这样的事实，即：他们开始认为自己一向能够大胆地、不遇任何反抗地作出的一切事情都是合法的，因此，他们不但不力求补偿他们所做的坏事，反而作恶成习，并树立了一个使他们的继承者变本加厉地为非作歹的榜样。所以，他们要对上帝负责的，不但有他们自己的罪恶，而且还有他们给予犯罪机会的那些人的罪恶。他们的罪行由于所任职位的显要而更加严重。世俗的君主如果发觉他的大臣对他不忠，一定惩治得格外严厉；同样地，对于上帝已经指定为他的臣仆和权力实施者的人们来说，如果他们暴虐淫纵，曲解他的审判，他们一定会受到上帝更重的惩罚。所以在所罗门的《智慧论》（第六章，第五至七节）里谈到昏君时说："因为作为他的王国的臣仆，你们没有审判正确，也没有遵守公道的原则，也没有按照神的旨意行事，所以他将可怕地和迅速地向你们显灵，这是由于执掌政权的人应当受到最严厉的审判的缘故。弱者可以得到怜悯，但强者应受重责。”以赛亚（第十四章，第十五至十六节）对巴比伦王说，“你必堕落阴间，到坑中最深之处。凡看见你的，都要定睛看你，留意看你，”仿佛这是对一个苦难重重的人说的那样。所以，如果说君主获得丰富的世俗利益，上帝也为他们准备着异乎寻常的幸福，那么暴君们就是大部分连他们所热烈追求的世俗欲望也得不到满足，并且他们在追求欲望的满足时除掉要冒很多危险以外，更坏的是要丧失久远的利益，注定遭受最悲惨的痛苦；由此可见，那些执掌政权的人必须步步留神，要以仁德之君而不是暴君的行动来对待他们的臣民。

关于君主的权力，关于君主制度对社会的好处，以及关于统治者以仁德之君而非暴君的态度对待民众的重要性，我们现在已经谈得很够了。

第十二章　君主的职责：王权同精神对肉体和上帝对万物的支配权的相似之处

只要再研讨一下君主的职责和他应当保持怎样的节操，就可以谈完我们至今所讨论的问题了。既然艺术不过是对自然的一种模仿，我们从自然方面开始学会怎样按照理性办事，那么似乎最好还是根据自然方面进行管理的种种例子来推断君主的职责。但是在自然方面，可以发现既有普遍的统治形式，也有特殊的统治形式。普遍的形式是万物赖以在上帝的指导下各得其所的形式，而上帝则凭他的深谋远虑支配着宇宙。特殊的形式同神的控制十分相似，存在于人的本身之中；因为人提供了普遍统治的范例，所以他才被称作小天地。神的控制是对一切被创造的物体和一切精神的权力行使的，同样地，理性的控制扩展到身体的各部分和心灵的其他机能；因此，从某种意义说，理性之对于人，犹上帝之对于宇宙。可是，有如我们在上文指出的，因为人天然是个营共同生活的社会动物，这种与神的统治相类似的特点就可以在人们的中间找到，而我们所以这样说，不仅是因为我们觉得人是受他的理性支配的，而且事实上一个社会也确实是受一个人的才智统治的。这基本上就是君主的职责。在某些营共同生活的动物中间，例如蜜蜂，据说就有一个君主；从它们这方面我们也可以发现上述那种统治的相类的例子。当然，在它们的情况下，统治是没有理性的基础的，只是从它们的天性的一种本能中产生，而这种本能是由作为自然创造者的最高统治者赋予它们的。因此，一个君主应当体会到，他对他的国家已经担当起类似灵魂对于肉体、上帝对于宇宙的那种职责。如果他对这一点有足够的认识，他就会一方面感到自己是被派定以上帝的名义在其全国范围内施行仁政，从而激发出施民以德的热诚，另一方面在品性上日益敦厚，把受其治理的人们看作他自己身体的各个部分。

第十三章 这一类比的进一步阐明和由此可以得出的结论

我们现在必须看一看上帝在宇宙中的措施，这样才会知道一个君主应该采取什么行动。一般说来，上帝在世间的工作有两个方面。第一个方面是创造的行为；第二个方面是在创造以后随即对创造物的统治。同样地，灵魂对肉体的作用也表现两个方面。首先，使肉体赋有形式的是灵魂；其次，肉体是为灵魂所控制和推动的。特别与君主的职务有关的，正是这两种作用中的第二种；因为所有的君主都必须治理国政，君主(rex)这一名称正是从这种管理政府的过程中产生的。可是，并不是所有的君主都承担第一种任务；因为并非每一个君主都建立他所治理的城市或国家；许多君主是在已经日趋繁荣的城市或国家中履行他们的职责的。但我们不应该忘记，如果以前没有人首先起来建立一个城市或王国，就没有东西可以治理了：因此君主的职务必须也包括一个城市或王国的建立。事实上，有些君主已经建立了他们后来所统治的城市，如尼奴斯建立了尼尼微，罗穆鲁斯建立了罗马城。此外，统治者也有责任保护他所治理的地方，并利用那个地方来达到草创时所抱定的目的。但如果他不懂得施政的道理，他就不能充分了解他的职责。建立一个王国的缘由可以在创造世界这一件事所提供的例子中找到答案。在这方面，我们必须先考察万物本身的创造，然后考察它们在整个宇宙中的有规则的分布。这样我们就可以知道万物是怎样按照它们不同的种类分布在宇宙的各部分的；如天上的星星、空中的鸟、海中的鱼和地上的动物。最后我们看到上苍怎样应有尽有地供应每一种类它所需要的一切东西。摩西曾经十分详尽地描述了在万物的创造中所表现出来的这种井然有序的情形。

他首先用“起初神创造天地”这句话来考究万物的创造问题；然后他指出，万物根据神的命令各按其相应的秩序而互有不同，如白天与黑夜有别，高地与深渊有别，海洋与旱地有别。接着他说明天空怎样点缀着飞鸟，海洋点缀着鱼类，陆地点缀着动物。最后，他告诉我们神怎样使人们管理全世界和世上的动物。至于植物，他说那是神给动物和人类作为食物用的。既然一个城市或王国的建立者不能无中生有地产生群众、住宅或其他一切生活必需品，他就只得利用自然所已经提供的东西。其他一切技艺都是从天然资源中找到材料的，如铁匠用铁工作，营造匠用木料和石头建筑房屋等等。正和这种情况一样，一个人要想建立一个城市或王国，必须首先挑选一个合适的地点；它很合卫生，足以保证居民的健康，同时土地肥沃，使居民无枵腹之患；它既是山川秀丽，令人赏心悦目，又有天然屏障，可以抵御外敌。如果缺乏任何这种优势，则所选的地点随着这样一些条件，或至少是其中更重要的条件的完备程度而增加其适宜性。地点选中以后，一个城市或王国的建立者所面临的第二个任务就是对该地区作出规划，以适应公民生活的一切需要。例如，在建立一个王国时，你必须决定何处构筑城镇、何处空出农垦区或何处建筑堡垒；学术研究中心、练兵校场和市场等等都必须加以考虑；同时还要顾到其他一切组成国家生活的活动。如果所要建立的是一座城市，那就要为教堂、行政机关以及各行各业的工场指定地点。其次要按照职业的不同把公民们分派到城市的各个市区。最后，还必须作好准备，使每一个人按其职业和地位不致在生活上感到困难；否则无论城市或王国都不会持久。极简略地说，这就是一个君主在建立一个城市或王国时必须注意的几点，并且由于同创造世界的情形相似，它们是可以完成的。

第十四章　教权和王权的比较

创造世界是建立一个城市或王国的合适的范例，正与此相同，支配世界使我们可以推断出民政的原则来。我们必须首先记住，所谓支配就是去指导被支配的东西以达到其预定的目的。所以，当一只船依靠一个船员的技能按照正确的航线驶达港口时，我们说它受着支配。可是，当一件东西奉命趋向一个位于其本身之外的目的，如船之与港口时，支配者的职责就不仅在于维护它的完整，而且在于力求使它达到它的预定的目的地。如果有一件东西在其本身之外并无目的，那么支配者的唯一任务就是尽力维护其完整无损。可是，虽然除上帝是一切事物的目的而外，天地间的万物无一不在本身之外另有目的，但人们对于较高目的的操心总要遇到许多性质各有不同的困难。显而易见，可能一个人所关心的是维持一件东西的现状，另一个人所关心的则是使它达到更完美的境地；在我们用作例子来说明管理活动的一只船的事例中，可以看出这一点。正如木匠的任务是修理任何可能发生的损伤，船员的任务是把船驶到港口一样，在人的本身也有同样的工作过程在起着作用。医生专心从事于维护人的生命和身体的健康；经济学家的任务是力求使物品不感匮乏；学者保证使自己知道真理；道德之士注意自己的行为能符合理性的要求。这样，如果人类不是注定要追求某种更高的目的，有这些注意也就够了。

但是，人在尘世的生活之后还另有命运；这就是他在死后所等待的上帝的最后幸福和快乐。因为，正如使徒保罗所说(《哥林多后书》,第五章,第六节):“我们住在身内,便与主相离。”所以,既然对基督徒来说上帝的幸福是靠基督的血获得的,并且他是靠圣灵的恩赐才能达到那种幸福,他就需要另一种的精神上的指导来领他到永恒济度的港口;这种指导是由基督教的牧师为信徒准备的。

无论我们探讨一个人的或全社会的命运,我们的结论没有什么不同。因此,如果人的目的要到存在于人的本身的任何完美状态中去寻找,管理一个社会的最终目的就在于获得这种完美状态并在获得以后妥加维护。假使一个个人的或社会的这种目的是生命和身体的健康,医生就会操支配之权。另一方面,假使目的在于取得丰裕的财富,社会的管理工作就可以放心地交给经济学家。假使目的是了解真理,则负有指导社会之责的君主就应该尽到教授的义务。但一个社会之所以聚集在一起,目的在于过一种有德行的生活。人们结合起来,以便由此享受一种各人在单独生活时不可能得到的生活的美满;而美满的生活则是按照道德原则过的生活。这样看来,人类社会的目的就是过一种有德行的生活。

这一点可以由下面的事实获得证明,即只有那些能共同促进社会生活的美满程度的成员,才能被认为是社会公众的一部分。如果人们单纯为了生存而结合起来,则无论动物或奴隶都将与文明社会有关。如果是为了财富的增殖,则所有发生共同商业关系的人都会属于一个城市。但只有那些服从同样的法律并受单一政府的指导以求生活充盈的人,才能说是构成一个社会单位。盛德之士注定要达到一个较高的目的,而这种目的,像我们已经说过的那样,在于享受上帝的快乐;另一方面,人类社会的最终目的不会与个人的最终目的有何不同。因此,社会生活的最终目的将不仅是德风广播，而且还要通过有德行的生活以达到享受上帝的快乐的目的。的确，如果依靠人类的天然德性可以达到这一目的的话，则指导人们趋向这个目的，结果将成为君主的职责。然而我们相信，君主的职责是掌握世俗事务中的最高权力。政治按照它所服务的目的的重要性而属于一个更高的等级。这是因为，凡是指导人们作出与达到最终目的有关的行动的人，总是具有安排事务的最终权力：正如负责驾驶船只的船员就他所中意的船只的式样对船匠提出意见，以及佩带武器的公民嘱咐匠人要冶铸何种刀剑一样。但是，享受上帝的快乐这一目的，并不是单靠人类的德性就能达到的，而是要依靠神的恩赐，像使徒保罗所告诉我们的那样（《罗马人书》，第六章，第二十三节）："唯有神的恩赐才是永生。"因此，只有神的统治而不是人类的政权才能导使我们达到这个目的。这样的统治只能属于既是人又是神的君主，即属于耶稣基督、我们的主，他在使人们成为圣子时，已使他们享受天国的荣光。

这就是交托给他的政权：一种必然永远不会终止的统治权，并且他由于这种权力才在《圣经》中不仅被称为神父而且也被称为君王；像《耶利米书》所说的（第二十三章，第五节）："君王必掌王权，行事有智慧。"君王的神父身份就是从基督产生的，而且，所有基督的信徒既然是基督教徒，就成为神父和君王。这个王国的职务不是交托给这个世界的统治者，而是交托给神父，以便使世俗的事务仍旧和神的事务有所不同：并且，特别是，这个职务是委托给祭司长、彼得的继承者和教皇、罗马教皇的；基督教世界的一切君王都应当受他的支配，像受耶稣基督本人的支配一样。因为，那些关心人生次要目的的人们，必须服从他这个关心最高目的的人，并受他的命令指挥。由于异教徒的教职以及所有与崇拜异教神祇有关的事情都是旨在获得世俗的利益(这些利益构成社会公共幸福的一部分,是君王的能力所能够及到的),异教的祭司们是理应服从他们的君王的。同样地,在《旧约全书》中,人民曾被答应给予世俗的利益以奖励他们的虔诚,虽然这些允诺是由真神而不是由魔鬼作出的;所以我们在《旧约》中看到神职人员受君王支配的情况。可是在《新约全书》里,存在着人们赖以获得天国奖赏的较高的神职人员,于是在《新约》里君王就必须服从神父。

由于这个缘故,根据赫赫的神意,在神选作基督教世界主要中心的罗马城里,城市统治者之服从教皇,才逐渐成为惯例。所以华列里厄斯·马克西穆斯[①]说:“我们城市的惯例一向是使一切事物都服从宗教,即使在有关最高权力的尊严的问题上也是如此。所以当权的人总是毫不犹豫地愿意为圣坛服务;从而证明他们相信,只有通过对神权的尽心尽意的忠诚服务,才能正确地行使世俗的政权。”因为要使基督教神职人员在高卢更受尊敬,神准许高卢人中间称为德鲁伊僧侣的异教祭司在全国建立他们的权威,正如恺撒在他的《高卢战记》一书中告诉我们的那样。

第十五章　怎样达到政治社会中幸福生活的目的

人们在尘世的幸福生活,就其目的而论,是导向我们有希望在

① 华列里厄斯·马克西穆斯(Valerius Maximus),公元14年任罗马执政官。——译者

天堂中享受的幸福生活的，同样地，人们能为自己取得的一切特殊的利益，如财富、收益、健康、技能或学问等等，也必然导向社会的幸福。但是，正如我们已经说过的，那位以最高目的为己任的人一定比那些关心次要目标的人来得优越，并且必须利用他的权威来指导他们；因此，从这一点可以推定，一个君主虽然受到那个权力和权威的支配，却必须管辖人类的一切活动，用自己的权力和权威来指导它们。无论是谁，只要他有责任完成某种与一个较高的目标有关的工作，就应当在看到他的行动被正确地导向那个目标时感到满足。这样，铁匠便冶铸出一柄宜于用来作战的大刀；建筑匠必须兴建一所可以居住的房屋。因为尘世的幸福生活的目的是享受天堂的幸福，所以君主就有责任来促进社会的福利，使它能适当地导致天堂的幸福；坚持一切能导致这一目的的行动，尽可能不做任何与这一目的有矛盾的事情。通向真正幸福的道路和沿途可能遇到的障碍是通过神的律法来了解的，而教导神的律法则是神父们的责任，像我们在《玛拉基书》(第二章，第七节)中所读到的："祭司的嘴里常存知识，人也当由他口中寻求律法。"所以神命令道(《申命记》，第十七章，第十八节)："他登了国位，就应将利未人的祭司面前的这部律法书，为自己抄录一本，存在他那里，要终生诵读，好学习敬畏耶和华他的神，谨守遵行这部律法书上的一切言语和这些律例。"因此，一个君主既然从神的律法方面受到教诲，就必须特别专心致力地领导他所支配的社会走向幸福生活。在这方面他有三项任务。他必须首先确立他所统治的社会的安宁；第二，他必须保证不让任何事情来破坏这样地建立起来的安宁；第三，他必须费尽心机继续扩大这种福利。

对于个人的幸福来说，有两件事情是必要的：第一件并且也是最重要的事情是行不逾矩（事实上我们是通过德行才能过幸福生活的）；另一件事或者也可以说是次要的条件是一种手段，它存在于德行所必需的物质利益的充裕中。人是一个自然单位，但体现为和平的一个社会的统一却必须靠统治者的手腕才能产生。因此，有三件事情是为保证社会安宁所必需的。首先，社会必须融洽无间地团结一致。第二，这样地团结起来的社会必须以行善为目标。因为，正如一个人假使不是整体就无法修德行善一样，由人们组成的一个社会如果分崩离析，发生内讧，在行善的方面也就要受妨碍。第三同时也是最后的条件是，必须依靠统治者的智慧保有那种为幸福生活所不可缺少的物质福利的充裕。一旦社会的安宁像这样地有了保证，只要由君主来注意加以维护就行了。

再说，有三件事情妨碍着公共幸福的持久不变，而其中之一是自然而然地产生的。公共的幸福不应有何期限，而是应当尽可能地永保不衰。但人既不免于死，就无法永远生存。甚至在他们还活着的时候，精力也不会始终如一；因为人生变化多端，一个人在其一生并不能总是担任同样的工作。维护公共幸福的另一障碍是从内部产生的，即在于刚愎自用；因为有许多人怠于执行为社会所必需的职务，甚或不遵守正义的原则，扰乱别人的安宁，从而损害社会的治安。其次还有从外部产生的第三个维护社会的障碍：那时敌人的入侵使和平受到破坏，有时候王国或城市本身都彻底被毁。和这三点相应，君主的任务也有三个方面。第一方面与执掌各种职务的人们的继承和调换有关。上帝务使不能永远不变的容易腐败的东西经过世代的交替而得到更新，因而保持着宇宙的完整，同样地，君主也有责任提出继任人选以代替那些不称职的人员，来维护受他支配的社会的幸福。第二，他在治国的时候，必须注意采用法律和劝告、惩罚和奖励等手段，劝诫人们不做坏事，诱导他们乐于为善；这是仿效上帝的榜样，因为上帝给了人们一项法律，并奖励守法的人和惩罚犯法的人。第三，君主有责任确实查明受他支配的社会具有防御敌人的妥善保障。如果不能抵御外敌，就根本谈不到防备国内的危险。

所以，为了正确地保持社会的秩序，君主还有一个任务需要完成：他必须关心社会的发展。如果牢记上述各点，注意可能引起纷扰的根源，弥补任何不足，做好任何可以作出更大成绩的工作，那么，这个任务是可以很出色地完成的。所以使徒保罗（《哥林多前书》，第十二章）训诫信徒要始终珍视更好的恩赐。

这些便是势必构成一个君主的职责的若干项目；但每一项应当更详细地加以论述。

论对犹太人的统治

致布拉班女公爵

我已接到阁下的来信，并从信上充分理解到您是多么真诚地关怀着治理臣民，同时对我们修道会的弟兄们又怀有多么真挚的感情。我感谢上帝，因为他已使您的心受到感动而希望做出这样大的善事。的确，我觉得不大容易满足您要我就某些问题提出意见的请求：一部分是由于我讲学忙不过来，一部分是由于我本来希望您会向那些比我更内行的人请教。可是，如果我不在您感到棘手的时候给您帮助，聊以报答您的盛情厚谊于万一，这对我来说是很不合适的。所以我试图在下文答复您所提出的问题，但并不排斥任何更好的主张。

首先，阁下问起，"是否可以经常强制犹太人缴纳贡税，如果可以的话，应该责成他们在何时缴纳？"对于这样一个用如此简括的话提出的问题，人们可以回答说，的确，像法律所宣布的那样，犹太人由于他们的罪过，无论在现今或过去都注定要永受奴役；因此，各国的君主可以把他们的所有物当作自己的财产；唯一的附带条件是，不要全部剥夺他们赖以维持生活的必需品。可是，因为我们在行动上必须保持公正，即使对那些被遗弃的人也是如此，免得基督的名字受到亵渎（使徒用自身的例子告诫我们，不要得罪犹太人、异教徒或者基督教)，所以比较正确的办法似乎就是：及时地实行法律所准许的措施，切忌征收不合过去惯例的强制公债；因为人们对于不习惯的事情总是更加耿耿于怀的。因此，根据这个意见，您可以按照您的前辈所规定的惯例强迫犹太人纳贡，如果没有其他重要的问题需要一并考虑的话。不过，从我所能够推测的情况来看，您对这个问题的种种怀疑似乎由于您要提出的这样一个疑问而加深了：即事实上贵国的犹太人所占有的财产，全部都是靠不正当的重利盘剥的办法得来的。您要问，剥夺他们的财产是否合法，因为他们的财产既然是靠强取豪夺得来的，无论如何都应当退还才对。对于这个问题，似乎可以这样回答：虽然犹太人没有权利保留他们用高利贷向别人勒索得来的金钱，您也没有权利把钱从犹太人那里收回之后留在自己手里；如果他们的财产是从您本人或您的前辈那里敲诈得来的，或许可以另当别论。倘使他们所占有的财产是从别人手里夺取的，那您就有责任把财产交还给那些理应从犹太人那里追回钱财的人们。所以，如果您能够确实找到重利盘剥的受害者，您就应当使物归原主。假如找不到的话，您就应当根据主教或其他正直人士的建议，把这种钱财作敬神之用；或者用于贵国的公益方面，以济贫恤穷或为社会谋福利。您即使用强制手段勒令犹太人归还这种财物，也不算犯法，只要您经常遵守您前辈的惯例，并决定按上述方式使用钱财。

其次，您问我，既然犹太人的财产都是盘剥得来的，是否应当为了他们破坏法律而课以罚金。按照上述的方针，这个问题似乎可以这样回答：为了杜绝诈欺取财，课以罚金是完全应该的。并且我还认为，一个犹太人或其他任何高利贷者，应当比其他的坏人罚款更重,因为大家知道他们无权占有他们现今以罚款的形式被剥夺的金钱。除罚款以外,还可以给予其他的处罚,免得他们认为退还了应归别人所有的钱财,就算是受到足够的惩处了。但是,从高利贷者罚款所得的金钱不宜保留;如果钱完全是靠盘剥得来的,那就应当按照上面所说的办法支配。各国的君主也不该提出异议,说这种做法会使他们丧失收入,因为他们本身是要对这种损失负责的。他们最好还是强迫犹太人靠工作谋生,像意大利有些地方所实行的那样,而不要让他们饱食终日,无所事事,靠放高利贷发财致富。正是由于这一点他们才遭受损失。同样地,并且也由于同一原因,如果君主们让他们的臣民靠诈欺和掠夺自肥,他们就会在收入上受到损失。那样的话,他们也同样必须退还自己由此而获得的任何收入。

第三,您问是否可以接受他们的一点礼物或纪念品,如果他们自动送来的话。这个问题似乎可以这样回答:接受这种礼物是完全可以的;不过最得体的办法是把从这方面收到的东西归还给它的正当的主人,或用于上面已经提到的那些用途之一——因为赠与人所占有的钱财不外乎是重利盘剥的收入。

第四,您问,如果从一个犹太人那里没收来的钱财超过应该归还给基督徒的数额,那么对于剩余的部分该怎么办。这个问题显然可以从上面已经发表的意见中找到答案。这种剩余的部分也许是由两个根源产生的。那个犹太人除高利贷收入而外可能还有其他财产,在这种情况下,我们就不妨保留那个犹太人所放弃的东西,但始终应遵守上面提到的附带条件。如果剩余部分是除重利以外提供给犹太人的自愿赠送的礼物产生的,那么上面所说的办法也同样可以适用;其条件是,高利贷的收入已先行归还原主。另一方面,那些曾经受到重利盘剥的人可能现在不再在国土之内,不是已经死亡便是侨居外国。在这种情况下,也必须归还。但如果不能确切查明应归还何人,那您就必须照上述的意见办理。

上文关于犹太人说的话,当然也同样可以适用于卡奥尔的放债者或其他任何实行放高利贷的不良习惯的人们。

第五,关于您的执行吏和其他官吏,您问我是否可以拍卖他们的职位或向他们征收一笔保证金,这笔保证金由他们以后从所任职务的收入项下取偿。我的回答是,这个问题引起两种困难。第一种困难关系到卖官鬻职。关于这个问题,我们必须记牢使徒所说的话,即可以做的事情很多,但并非总是上策。既然您交给您的执行吏和其他官吏的职务只是民政职务,我觉得您拍卖这种职位并没有什么不对,只要经常注意把官职卖给那些确实能够有效地履行他们的职责的人,而不是仅仅把官职交给出价最高的人,因为后者在官职到手之后会鱼肉您的臣民以收回他的损失。另一方面,卖官鬻爵并不是个贤明的办法。首先,最有资格担任这种职务的人往往很穷,买不起官职;即使他们有钱,最合适的候选人也往往不想从事这种活动,或利用这种活动所提供的机会谋取利益。因此,往往可能会发生这样的情况,贵国的这种职位由既是野心勃勃又是贪得无厌的极坏分子充任,其进一步的结果是:他们很可能压迫您的臣民,不顾您的真正的利益。所以,据我看来,绝顶英明的办法是挑选善良和干练的人来为您效劳,如果他们不愿,甚至要强迫他们这样办。您和您的臣民从他们的勤奋和忠实方面所得的好处,将大大地超过您可能靠卖官鬻爵而获得的。这就是摩西的亲戚对他的劝告，那时这位亲戚说："要从百姓中拣选有才能的人，就是敬畏神、诚实无妄、恨不义之财的人，派他们作千夫长、百夫长、五十夫长、十夫长，管理百姓，随时审判百姓。"[①]其次还有从保证金的问题产生的第二个困难。关于这个问题，我们应当说，如果官职的委任取决于这种保证金，那么毫无疑问，这样的协议就是高利贷式的；因为官职是靠贷金的力量而得到委任的。在这种情况下，您就会向他们提供犯罪的机会，而他们也会被迫辞去如此获得的职位。另一方面，如果您不受拘束地把官职给予他们，此后再接受一笔他们能在供职期间收回的贷款，这种做法就不会有什么罪恶了。

第六，您问是否可以向您的基督徒臣民征收贡品。在这个问题上，您必须记住，各国的君主是由上帝任命的，其目的不是要叫他们寻求私利，而是要叫他们繁荣公共的幸福。贪婪的君主受到《以西结书》(第二十二章)中所说的话的谴责："其中的首领仿佛豺狼抓撕掠物，杀人流血，伤害人命，要得不义之财。"在别的地方，有一位先知说[②]："祸哉以色列的牧人，只知牧养自己。牧人岂不当牧养群羊吗？你们吃脂油，穿羊毛，宰肥壮的，却不牧养群羊。"由于这个缘故，君主被规定可以领取一笔年金，这笔年金足够适应他们的需要并使他们不再有何借口来掠夺他们的臣民。因此，根据神的命令，在同一个预言中说道："王必得以色列一部分产业，做君王的不得再掠夺我的百姓。"然而，有时君王也可能没有足够的资

① 见《出埃及记》，第十八章，第二十一至二十二节。——译者

② 见《以西结书》，第三十四章，第二至三节。——译者

财来预防敌人的进攻或支应他们可以合理地担当的其他任务。在这种情况下,如果公民们捐助必要的款项来促进公共利益,那是正当的。由于这个缘故,在某些国家就有君主向其臣民索取一定数额的献金的由来已久的惯例。如果这些献金并不太多,这样一种办法是可以实行而不致犯罪的。因为,像使徒保罗所说的那样,“谁也不会自己出钱去打仗。”所以,一个为祖国的利益而奋斗的君主,可以通过正常的课税形式,或者在没有这些形式存在或形式不具备的情况下,通过个人的捐献,来利用社会的资源和向一般事业征收款项。当某种难以预料的情况发生时,也可适用同样的结论,并且也有必要增加公共福利方面的开支,或者维持宫廷的体面,特别是在国库的收入和普通的税收不敷开支的时候;例如,当发生敌人进犯或其他相类的情况时就是如此。在这种情况下,君主可以向他们的公民征收普通税之外的特别税,因为这是为了所有人的福利。然而,如果单纯由于贪财或由于挥霍无度而要强使公民缴纳例行的捐税之外的款项,那是绝不允许的。所以约翰对前来向他请教的兵丁说(《路加福音》,第三章,第十四节):“不要以强暴待人,也不要讹诈人,自己有钱粮就当知足。”君王的年金多少带有一点报酬的性质,他们应当永远满足于这种报酬。除了上面已经举出的几点理由以及为了公共的幸福起见,他们也不应当有更多的要求。

第七,您问我,如果您的大臣们向您的臣民所征收的金钱超过法律的规定,姑不论其收入是否落入您的手中,您该怎么办。这个问题不难回答。如果这种勒索得来的收入落到您的手里,您就应当在可能条件下把它们归还给原来出钱的人;如果不可能找到确凿无疑的物主，您就必须把钱用于某种宗教的目的或与全社会的幸福有关的方面。反之，如果收入没有到您的手里，您就必须强迫您的官吏退还原款，免得他们享受不义之财；即使受他们勒索之害的人无法查明，也应如此。事实上，您应当特别严惩这种不法行为，使别人具有戒心，不去学他们的榜样；因为像所罗门所说："鞭打亵慢人，愚蒙人必长见识"(《箴言》，第十九章，第二十五节)。

这样，再来谈一谈您的最后一个问题：是否应当强迫您国内的全部犹太人佩带某种符号，以便同基督徒有所区别。对于这个问题，答案是简单的，并且是符合总会的决议的。在所有基督教国家的犹太人，无论男女，应经常身穿某种特殊服装，以与其他人等有别。总之，这是他们自己的法律强迫他们遵守的，因为按照他们的法律规定，他们应当穿着四角镶有边饰的斗篷，以示与其他民族不同。

光辉而虔诚的夫人，这些就是我在这里对您提出的问题所作的答复。关于这些问题，我并不想强迫您接受我的意见，而是宁可劝您向其他一些对这类问题比我内行的人请教。祝王祚永命。

第 二 部 分

哲学著作选辑

反异教徒大全

第三篇

第八十一章

论人们彼此之间及对其他生物的关系的安排

人和其他有智力的实体相比,占据最低的地位,因为像上文已经说明的,他在最初被创造时,对于天道的体系只有一般的了解;因此,他必须力求参照天道已在其中详尽无遗地建立体系的种种事物本身,全面了解属于他这方面的体系的情况。不错,人必须依靠身体的器官从那可以感觉到的世界汲取知识。但是,除非得到较高神灵的帮助和启发,人就永远不能全面了解有关人类的一切事情,这就是人的知识状态的缺点;因为,有如我们已经知道的,天意使较低的神灵必须依靠较高神灵的帮助才能达到完善的地步。而且,因为人具有某种程度的智力,天意要使根本缺乏智力的禽兽服从人的支配。所以神说,"我们要照着我们的形象、按照我们的样式造人"——这是就他们的智力方面而言——"使他们管理海里的鱼、空中的鸟、地上的牲畜和全地"(《创世记》,第一章,第二十六节)。

禽兽虽然没有智慧,却还有点懂事,因而天意就把它们安排在植物和其他一切无知识的东西之上。所以神说:"看哪,我将遍地上一切结种子的菜蔬和一切树上所结有核的果子,全赐给你们作食物:并且也赐给地上的走兽作食物"(《创世记》,第一章,第二十九至三十节)。

至于那些完全无知的东西,则只要一种东西的产生效果的能力较大,它就比另一种东西优越;因为这样一些东西是天意根据它们的效果而不是根据它们的价值来确定的。既然人有智慧和感觉,同时也有体力,这些禀赋就由天意安排,仿照宇宙间普遍存在的那种秩序的式样,彼此处于从属的地位。体力从属于感性和智力,并决心服从它们的指挥,而感官则从属于智慧,并遵从它的指导。

由于同样的道理,在人们中间也可以找到一种体系;因为才智杰出的人自然享有支配权,而智力较差但体力较强的人则看来是天使其充当奴仆;像亚里士多德在《政治学》中所指出的那样。所罗门也抱有同样的见解,因为他说,"愚昧人必作慧心人的仆人"(《箴言》,第十一章,第二十九节)。并且又说,"要从百姓中拣选有才能的人,就是敬畏神的人,叫他们随时审判百姓"(《出埃及记》,第十八章,第二十一至二十二节)。如果一个人的理智听从他的感官的指挥,或者他的感觉方面的能力受某种身体缺陷的影响,像残废的人那样,他就会丧失平衡;在人类的政治方面,情形亦复如此。社会秩序的紊乱常常是由于这样的事实而产生的,即:有人执掌政权,并不是因为他有高人一等的智慧,而是因为他靠暴力夺取了政权,或者通过可以感觉到的感情上的拉拢而建立了统治地位。所罗门对于这种违反正义的行为也不是没有评述的,他说:"我见日光之下有一件祸患,似乎出于掌权的错误,就是愚昧人居于高位"(《传道书》,第十章,第五至六节)。然而,这种颠三倒四的现象并不是与天意不相容的。它是得到神的允许才产生的,并且是由部属的缺点所造成的,像我们在谈到其他几种祸害时已经指出的那样。自然秩序在这类事例中也不是完全紊乱的;因为愚人的统治如果没有聪明人从旁代为策划,必然非常脆弱。所以所罗门说:"计谋都凭筹算立定,打仗要凭智谋"(《箴言》,第二十章,第十八节)。他又说:"智慧人大有能力,有知识的人力上加力。你去打仗,要凭智谋;谋士众多,人便得胜"(《箴言》,第二十四章,第五至六节)。并且,因为一个谋士支配着任何接受他的计谋的人,在某种意义上还指挥着他,所以所罗门说:"仆人办事聪明,必管辖贻羞之子"(《箴言》,第十七章,第二节)。

由此显然可以看出,天意要对一切事物贯彻一种秩序,并证明使徒言论的不谬:"一切现存的事物都是由神布排的"(《罗马人书》,第十三章,第一节)。

神 学 大 全

第一部分

一、人是天然要过政治生活的

奴役关系和政治关系的对比(第九十二题,第一条,第二节)

有两种服从的形式。一种是奴隶式的;在这种情况下,主人为了自己的便利而使用他的仆人:这种服从是作为犯罪的结果而开始的。其次还有另一种服从的形式,主人依靠这种形式统治着那些为他们自身的福利而对他服从的人们。这种服从是在犯罪以前便存在的:如果人类社会不受那些比较聪明的人管理,它就会证明是缺乏合理的秩序。正是按照这种类型的服从,妇女才自然而然地服从男子;因为男子比妇女天赋着更多的合理判断的能力。甚至在人们之间,无罪状态也并不排斥某种程度的不平等,像我们在下文将看到的那样。

人们之间的天然不平等(第九十六题,第三条,结尾)

我们必须承认,即使在堕落以前,人们之间也非有某种悬殊不可,至少就两性的关系来说是如此。因为如果没有两性,就不会有生育。关于年龄也是这样的情况；儿童是由一代人所产生的，而他们在结婚之后，又生出另一代的儿童。无论就判断或知识来说，本来也会有精神能力上的差异。因为，既然人在行动、意愿和认识方面能够或多或少地运用他的能力，他就不会由于盲目的需要而是会根据自由的选择作出行动。因此有些人就会在道德和知识上比别人进步更大。同样地，也会有某种体力上的差别；因为人的身体不能完全不受自然规律的支配，而是能够从自然力方面获得或多或少的帮助的。甚至在无罪的状态下，人的身体也必须由食物来维持。所以我们不妨说，按照精气的不同状态和不同命运的不同状况，有些人本来会具有更强的体格，有些人身材高些，或者比较俊秀和美貌。然而，在其貌不扬的人身上，这并不会在身心方面构成任何缺点或毛病。

人是天然要过政治生活的（第九十六题，第四条）

统治权可以按两种意义来理解。按第一种意义来说，它和奴役形成很好的对照。所以，一个主人就是另一个人像奴隶那样对其唯命是从的人。在第二种意义下，它可以被理解为与任何形式的服从相反。按照这个意义来说，凡是以治理和管辖自由民为职责的人也可以称作君王。意味着奴役的第一种统治权，在无罪状态下的人与人之间是不存在的。然而，如果按第二种意义来理解，即使在无罪状态下，总有一些人是管辖另一些人的。这是因为一个奴隶和一个自由民不同：后者是“他本身行动的自由的主宰”，像《形而上学》中所说的那样。一个奴隶却完全是受另一个人的支配的。因此，一个人如果单纯为了自身的利益而任意指挥另一个人，那就是把他当作奴隶一般统治着。可是，既然每一个人因自身的欲望得到满足而深感愉快是理所当然的事，这种满足就不能放弃给另一个人而不遭受损失。因此，这种统治权如果没有随着征服而来的种种处罚，是不会产生的；因此它在无罪状态下的人与人之间是不会存在的。

一个人对另一个仍然自由的人的管理，当前者为了后者自身的幸福或公共幸福而指导后者时，是能够发生的。由于两种缘故，这种统治权可以在无罪状态下的人与人之间存在。首先，因为人天然是个社会的动物；因而人即使在无罪状态下也宁愿生活在社会中。可是，许多人在一起生活，除非其中有一个人被赋予权力来照管公共幸福，是不可能有社会生活的。许多个人作为个人来说，关心着种种不同的目的。一个人关心着一个目的。所以亚里士多德说（在《政治学》的开头）："每逢多数人被导向一个目标时，总可以发现有一个人执掌权力，作出指示。"第二，如果有一个人比其余的人聪明和正直，那就不应当不让这种天赋为其余的人发挥作用；正如《彼得前书》第四章中所说的："各人要利用所得的恩赐彼此服侍。"所以奥古斯丁说（《天城论》，第十九篇，第十四章）："正直的人并不是由于统治欲的冲动而执掌政权的，而是因为他们有献计献策的义务"：又说（第十五章），"这是自然体系所规定的，因为当初神就是按照这种方式创造了人。"根据这些理由，自然就可以得出结论来答复关于第一种统治形式的一切反对意见。

二、君主政治和世上的神权政治
（第一百零三题，第三条）

必须承认，宇宙是由一人统治的。因为统治宇宙是以至善或最高功德为目的，所以政治也一定是最优良的政治。但最好的政体是由一人执政的政体。这是因为所实施的政治等于是指引被统治者去达到某种目的、即获得幸福。但是，像波伊西厄斯所证明的那样（《论慰藉》，第三篇，第十一章），统一成为善的特征之一；他指出，任何事物只要它追求统一，就能求仁得仁，而没有统一，它甚至不能存在，因为"不论任何事物的现状怎样，它只有在一个统一体中才能存在"。所以我们也可以知道：各种事物力求避免分散，一件东西由于本身有了缺陷才会崩溃。所以不管是谁，只要他治理着许多人，就一定以统一或和平为最大目标；但统一的始因必须本身是浑然一体才好。事实上，显然可以看出，如果许多个人不是自身以某种方式统一起来，他们就无法团结别人并使他们和谐一致。但自然的统一体比人为的统一体可以更容易地成为统一的一个始因。所以许多人由一人统治比由若干人统治能取得更好的效果。由此可知，堪称最出色的对于宇宙的统治是一个统治者的业绩。这就是亚里士多德所说的（《形而上学》，第十二章）："天道厌恶混乱，由许多人统治是没有好处的。所以现在只有一个君主。"

第二部分之一

三、政治秩序的价值和意义

国家具有一个目的的价值的意义（第二十一题，第四条）

一个人享有什么东西或为人如何，并不全部都负有政治义务；因此他的一切行动，对于政治社会来说，并不一定都被认为是值得赞扬或谴责的。但一个人的为人如何，以及他享有什么东西或能够有什么成就，都必须与上帝发生某种关系。所以人类的每一种行为，不论是好是坏，只要是由理性产生的，在上帝面前就是值得称赞的或谴责的。

与神的秩序和自然的秩序相比较的政治秩序（第七十二题，第四条）

在人的身上可以发现一个三重性的秩序。第一种是由理性的统治所产生的秩序；只要我们的一切行动和经验都与理性的指导相符合，这种秩序就能产生。第二种是从我们的一切行动和经验同那应当在各方面成为我们的指导原则的神法准则相比较时出现的。如果人确实是个离群独居的动物，这种双重的秩序也就够了；但因为人天然是个社会的和政治的动物，像《政治论》第一篇第二章所证明的那样，所以就应当有一个第三种的秩序，以规定人对其必须与之营共同生活的同伴们的行为。

四、一般的法(第九十题)

法的性质(第一条,结尾)

法是人们赖以导致某些行动和不作其他一些行动的行动准则或尺度。"法"这个名词〔在语源上〕由"拘束"一词而来,因为人们受法的拘束而不得不采取某种行径。但人类行动的准则和尺度是理性,因为理性是人类行动的第一原理;这一点根据我们在别处的阐述可以看得很清楚。正是理性在指导着行动以达到它的适当的目的;而按照亚里士多德的说法,这就是一切活动的第一原理。

理性和体现为法的意志(同上,第三节)

像我们已经指出的,理性有从意志发展到行动的能力;因为理性可以依靠某种目的之被希求这一事实,指挥一切必要的力量去达到那个目的。可是,如果意志要想具有法的权能,它就必须在理性发号施令时受理性的节制。正是在这个意义上,我们应当理解所谓君主的意志具有法的力量这句话[①]的真实含义。在其他的意义上,君主的意志成为一种祸害而不是法。

法的目的是公共幸福(同上,第二条,结尾)

既然每一部分与其整体的关系同不完整的东西与完整的东西

① 参阅《罗马法典》,第一篇,第四章,第一节。

的关系一样，既然一个人是那称为社会的完整整体的一部分，因此法就必须以整个社会的福利为其真正的目标。所以亚里士多德在他的有关法的定义中，既提到幸福也提到政治上的一致。他说（《伦理学》，第五篇，第一章）："任何力量，只要它能通过共同的政治行动以促进和维护社会福利，我们就说它是合法的和合乎正义的"；而完整的社会就是城市，像《政治学》第一篇（第一章）中所指出的。

谁有颁布法律的权利（同上，第三条，结尾）

严格说来，法律的首要和主要的目的是公共幸福的安排。但是，安排有利于公共幸福的事务，乃是整个社会或代表整个社会的某一个个人的任务。因此，法律的公布乃是整个社会或负有保护公共幸福之责的政治人的事情。这里像其他任何的情况一样，公布目的的人也就是公布用以达到目的的手段的人。

（同上，第二节）

一个私人无权强迫别人过正当的生活。他只可以提出劝告；但如果他的劝告不被接受，他就无权强迫。可是为了卓有成效地促进正当的生活，法律必须具有这种强迫的力量，像亚里士多德所说的那样（《伦理学》，第十篇，第九章）。可是，我们在下文就会看到，强迫的力量不是属于整个社会，便是属于代表社会的负惩罚之责的官吏。所以，只是他才有制定法律的权利。

（同上，第三节）

正如一个人是一个家庭的成员那样，一个家庭成为一个城市的要素;但一个城市是一个完整的社会,像《政治学》第一篇所指出的那样。同样地,正如一个人的幸福并不是最后目的,而是从属于公共福利一样,任何家庭的幸福也必须从属于作为一个完整社会的城市的利益。所以一个家庭的家长可以订立某些规章,但是老实说,它们并不具有法律的力量。

法律的定义(同上,第四条,结尾)

根据上文,我们可以得出正确的法律定义。它不外乎是对于种种有关公共幸福的事项的合理安排,由任何负有管理社会之责的人予以公布。

五、各种类型的法(第九十一题)

永恒法(第一条,结尾)

有如上文所述,法律不外乎是由那统治一个完整社会的"君王所体现的"实践理性的某项命令。然而,显然可以看出,如果世界是像我们在第一篇中所论证的那样由神治理的话,宇宙的整个社会就是由神的理性支配的。所以上帝对于创造物的合理领导,就像宇宙的君王那样具有法律的性质……这种法律我们称之为永恒法。

自然法(第二条,结尾)

既然像我们已经指出的那样,所有受神意支配的东西都是由永恒法来判断和管理的,那么显而易见,一切事物在某种程度上都与永恒法有关，只要它们从永恒法产生某些意向，以从事它们所特有的行动和目的。但是，与其他一切动物不同，理性的动物以一种非常特殊的方式受着神意的支配；他们既然支配着自己的行动和其他动物的行动，就变成神意本身的参与者。所以他们在某种程度上分享神的智慧，并由此产生一种自然的倾向以从事适当的行动和目的。这种理性动物之参与永恒法，就叫做自然法。所以，在大卫说（《诗篇》，第四篇，第六节）"当献上公义之祭"时，他像碰到有人提出问题似的补充说明了何谓公义之祭，"有许多人说，谁能指示我们什么好处？"然后回答说，"耶和华啊，求你仰起脸来，光照我们。"这仿佛是说，我们赖以辨别善恶的自然理性之光、即自然法，不外乎是神的荣光在我们身上留下的痕迹。所以，显然可以看出，自然法不外乎是永恒法对理性动物的关系。

人法（第三条，结尾）

在推理时，我们从天然懂得的不言自明的原理出发，达到各种科学的结论，这类结论不是固有的，是运用推理的功夫得出的；同样地，人类的推理也必须从自然法的箴规出发，仿佛从某些普通的、不言自明的原理出发似的，达到其他比较特殊的安排。这种靠推理的力量得出的特殊的安排就叫做人法，如果我们已经提到的为一切法律所必具的其他条件被遵守的话。所以西塞罗说（《论修辞学》，第二篇，第五十三章）："法律最初是从自然产生的；接着，被断定为有用的标准就相因成习地确定下来；最后，尊敬和神圣又对这一从自然产生的并为习惯所确定的东西加以认可。"

神法的必要性（第四条，结尾）

除自然法和人法以外，还必须有一项神法来指导人类的生活。这有四层理由。首先，因为人在关于最终目的的行动方面是受法律的支配的。所以，如果人注定要追求一个恰好和他的天然才能相称的目的，那么除自然法和由此而产生的人所规定的法律之外，他就毋需获得任何理性方面的命令。可是，因为人注定要追求一个永恒福祉的目的，并且像我们已经指出的那样，这超过了与人类天然才能相称的目标，因此他为了达到这个目的，就必须不但接受自然法和人法的指导，而且接受神所赋予的法律的指导。第二，由于人类判断的不可靠，特别在偶然的、特殊的问题上是如此，因此各种各样的人对于人类的活动往往作出极不相同的判断；并且从这些判断产生不同的甚或相反的法律。所以，为了使人确凿无疑地知道他应该做什么和不应该做什么，就有必要让他的行动受神所赋予的法律的指导，因为大家知道神的法律是不可能发生错误的。第三，因为法律是就能够加以判断的事项制定的。但人的判断达不到隐蔽的内心动作，它只能涉及显而易见的外表的活动。虽然如此，完美的德性却要求一个人在两类活动中都保持正直。人类的法律既不足以指挥和规定内心的动作，因而就有必要再加上一种神的法律。第四，因为像奥古斯丁所说的（《论自由意志》，第一篇），人类的法律既不能惩罚又甚至不能禁止一切恶行。这是因为，在力图防止一切恶行的时候，会使很多善行没有机会贯彻，从而也会妨碍很多有益于公共福利，因此为人类交往所不可或缺的事项，使它们不得实现。所以，为了不让任何罪恶不遭禁止和不受惩罚，那就必须有一种可以防止各式各样罪恶的神法。

六、法的效果（第九十二题）

法律的道德目的（第一条，结尾）

显而易见，法律的真正目的是诱导那些受法律支配的人求得他们自己的德行。既然德行是“使有德之士享受幸福的行为”，那么由此可以推断，法律的真正效果是全面地或在某一方面为之颁布法律的那些人的福利。如果立法者的目的在于求得真正的幸福，即求得由神法所规定的公共幸福，那么人就一定会由于受到这样一种法律的影响而变得绝对地慈祥恺恻。反之，如果立法者的目的并不在于求得真正的幸福，而只在于取得眼前的助力——因为这是他本人所喜欢的或违反神法的——那么这样的法律就并不会使人绝对地优良，而只会在某一方面是如此；即就其有关某一政治制度而言。从这个意义来说，即使在真正有害的事情上也能发现优点：一个人因为善于达到他预定的目标而被称为有本领的盗贼时就是如此。

（同上，第三节）

任何部分的优点都必须参照它所形成的整体来考虑。所以奥古斯丁说（《忏悔录》，第三篇，第八章）：“所有并不能适当地适应其整体的部分都是卑劣的。”所以，既然所有的人都是城市的一部分，他们非适应公共福利就不能具有真正良好的品德。如果整体的各部分不能真正对它适应，那么整体也就不会有健全的组织。所以，除非公民们都敦品励行，或至少是被任命担负领导之职的人能如此，否则社会的福利就不可能在一个健全的国家里获得实现。如果其余的人在德行上能做到服从统治者的命令，那对公共幸福来说也就很够了。所以亚里士多德说（《政治学》，第三篇，第二章）："一个统治者必须具有一个真正正直的人的品德；但并不是每一个公民都非达到同等程度的正直不可。"

（同上，第四节）

暴戾的法律既然不以健全的论断为依据，严格地和真正地说来就根本不是法律，而宁可说是法律的一种滥用。然而，只要它考虑到公民的福利，它就具有法律的性质。因此，只要它是某一位当权者对他的臣民下达的命令，只要它的目的在于使那些臣民充分服从法律，它就和法律发生关系。这种服从对于那些臣民是有好处的，但这并不是绝对的，只有就他们生活于其下的那个政权来说是如此。

七、永恒法（第九十三题）

它的起源于神的智慧（第一条，结尾）

在每一个艺术家的心中，已经存在着他将凭其艺术加以创造的那件东西的概念，同样地，在每一个统治者的心中，也一定已经存在着规定那些臣民应该对他的统治采取何种行动的理想。对于那些尚待由任何艺术加以创造的事物的理想，一般称为应该如此创造的事物的范本或实际艺术；同样地，就治理那些受其支配的人们的行动的统治者来说，他的心中的理想具有法律的性质——如果我们上文已经提到的条件也具备的话。上帝仗其智慧成为万物的创造者，他对万物的关系正如艺术家对他的艺术产品的关系一样；这一点我们在第一篇中已经指出过。并且，像我们也已经指出过的那样，他支配着每一个别创造物的一切行动和动作。所以，就万物都由神的智慧所创造这一点来说，神的智慧所抱有的理想就具有一个范本、艺术或理念的性质；同样地，被认为是推动万物以达到它们的适当目标的神的智慧所抱有的理想，就具有法律的性质。因此，永恒法不外乎是被认为指导一切行动和动作的神的智慧所抱有的理想。

一切法律毕竟是从永恒法产生的（同上，第三条，结尾）

在每一个实行统治的实例中，我们都看到施政规划由政府的首脑交给他手下的地方长官；正如一个城市的设施计划由国王拟订而用法令的形式交给他手下的大臣那样；又如在艺术的建筑方面，施工计划由建筑师交给助理人员。因此，既然永恒法是最高统治者的施政计划，那些以部属身份进行管理的人的一切施政计划，就必须从永恒法产生。所以，一切法律只要与真正的理性相一致，就总是从永恒法产生的。由于这个缘故，奥古斯丁说（《论自由意志》，第一篇）："如果人法不是人们从永恒法得来，那么在人法里就没有一条条文是公正的或合理的。"

（同上，第二节）

只要人法按照真正的理性办理，它便具有法的性质；在这方面，显然可以看出它是从永恒法产生的。只要它违背理性，它就被称为非正义的法律，并且不是具有法的性质而是具有暴力的性质。然而，即使是一种非正义的法律，只要它通过它同立法者的权威的关系而保持着法的外貌，在这方面就是从永恒法产生的。“因为没有权柄不是出于神的”（《罗马人书》，第十三章，第一节）。

八、自然法（第九十四题）

自然法的箴规（第四条，结尾）

自然法箴规的条理同我们自然倾向的条理相一致。这是因为在人的身上总存在着一种与一切实体共有的趋吉向善的自然而自发的倾向；只要每一个实体按照它的本性力求自存，情况就是如此。与这种倾向相一致，自然法包含着一切有利于保全人类生命的东西，也包含着一切反对其毁灭的东西。第二，在人的身上有一种根据人与其他动物所共有的天性而进一步追求某些比较特殊的目的的倾向。由于这种倾向，就有“自然教给一切动物的”[①]所有那些本能，如性关系、抚养后代等等，与自然法有关。第三，在人的身上有某一种和他的理性相一致的向善的倾向；而这种倾向是人所特有的。所以人天然希望知道有关上帝的事实并希望过社会的生活。在这方面，受自然法影响的是与这种倾向有关的一切行动，即：一个人应当避免愚昧，他不应得罪他必须与其交往的人们，以及所有性质相类似的行动。

① 这是厄尔比安在《罗马法典》第一篇第一章第一节中的定义。

自然法的普遍性(第四条,结尾)

正如刚才我们已经说过的,人所天然爱好的一切行动都与自然法有关;而在这类行动中,力求按理性行事乃是人所特有的。然而,像《物理学》(第一篇,第一章)已经证明的那样,理性是从一般原理出发以达到琐细的事项的。不过实践理性和思辨理性进行这一过程的方法各有不同。思辨理性是用于非如此不可的必然的事实方面的;因此在其各个结论中和一般原理本身中都可以同样肯定地发现真理。但实践理性则用于人类行动所涉及的偶然发生的问题上;因此,虽然在其一般原理中存在着某种必然性,但你离开一般性愈远,则结论便愈加容易发生例外。

显然可见,就理性的一般原理而论,不论那是思辨理性还是实践理性,对于每一个人来说都存在着一个真理或正义的标准,并且这是同样为人人所熟悉的。至于说到思辨理性的个别结论,也存在着对于所有的人都是共同的真理标准;但在这方面,真理的标准就不是同样为人人所熟悉的了。例如,一个三角形的三内角等于两直角,这是普遍的真理;但这个结论并不是每一个人都知道的。然而,当我们得出实践理性的个别结论时,对于每一个人并没有同一的真理或正义的标准,并且这些结论也不是人人所同样熟悉的。的确,所有的人都了解,按照理性办事是正当的和正确的。从这个原理我们可以推断出一个直接的结论,即有债必还。这个结论在绝大多数情况下是适用的。但在某种个别的情况下,还债也可能是有害的,因而是不合理的;例如,如果偿还的款项被用来对祖国作战,就产生这种情况。我们愈是继续考察个别的事例,这类例外的可能性就愈大；比方说，债务同某种担保品一起偿还或以某种特殊的方式偿还的问题，可以作为一个例子。所采用的条件越是专门化，使偿还债务成为正当办法与否的例外情况就越有可能发生。

所以我们必须得出结论：就一般的第一原理来说，自然法对于所有的人都是一样的，正如一个正当行为的标准是同样为大家所熟知那样。至于说到作为这类一般原理的结论的较为个别的事例，则自然法只有在大多数的情况下才仍然是对所有的人都一样的，无论作为一种标准或就其为人所熟知的范围而言，都是如此。因此在个别情况下，自然法可以容许例外：无论关于正义（由于某些阻碍，正如在自然中物体的产生和变革受某种阻碍所造成的偶然事件支配一样）或关于它的可知性。这是可能发生的，因为在某些人身上，理性为情欲或某种天生的恶习所败坏；像恺撒在《高卢战记》（第六篇，第二十三章）中讲到日耳曼人时所说的：有一个时期他们并不认为盗窃是不对的；虽然这种行为显然违反了自然法。

自然法的不变性（第五条）

有两种方法可以知道自然法发生改变。一方面，自然法已经有了某些附加的内容。从这个意义上说，没有理由认为它不应当改变。事实上，神法和人法确给自然法增加了很多有利于人类活动的内容。

另一方面，由于自然法删除了某些内容，它的发生改变是可以理解的。比方说，假如以前作为自然法的一部分的条例不再属于自然法时，便有这种情况。在这方面，就第一原理而论，乃是完全不可改变的。至于说到我们提起过的作为第一原理的直接结论而随之俱来的次要箴规，自然法也是并不改变的；这就是说，自然法规定为正确的东西仍然是大多数事例的通则。不过，我们可以说，它在某一个别事例中或数目有限的实例中有所改变；这是因为某些特殊的原因使人们不可能绝对遵守自然法的缘故，像我们已经指出的那样。

（同上，第三节）

我们有两层理由可以说事物是与自然法有关的。第一，如果存在着对于事物的自然倾向；例如，认为伤害邻人是不对的。第二，如果自然并不诱导我们去做相反的行动。所以我们可以说，人有赤身露体的天然权利，因为，既然自然没有供给他衣着，他就不得不为自己裁制衣服。在这个意义上，“所有的人得共同占有一切物品并享有同等的自由权”[①]这句话，可以说是属于自然法的。这是因为，无论私有权或地役权都不是自然所规定的；它们是人类的理性为了人类的生活而采用的办法。在这些情况下，自然法不是有所改变，而是有所增益。

九、人法（第九十五题）

人法的必要性（第一条，结尾）

从上文显然可以看出，在人的身上存在着一种倾向为善的自然习性。但人们只有实行“某种锻炼”才能使这种德性臻于完善。

① 这个定义引自塞维尔的圣伊西多尔：《语源学》，第五篇，第四章。

……而能够不靠别人的帮助从事这种锻炼的人确实是少有的。……所以我们必须互相帮助以获得那种能够导致盛德的锻炼。固然，有些青年由于善良的秉性或教养，或者特别是由于神的帮助，自愿想过有德行的生活；对于这样的青年，只要有父亲的指导和劝告就行了。但还有另外一些青年，他们性情乖戾，易于作恶，就很难为忠言所感动。必须用压力和恐吓手段使这些人不做坏事。如果用这种方法防止他们作恶，就能保证社会上其余的人享受太平生活；他们自身也终于会受习惯的力量的诱导，自愿去做他们过去只是由于畏惧才做的事情，从而以行善为常事。这种迫使人们畏惧处罚的纪律就是法纪。所以，法律的制定是为人们享受和平的、有德行的生活所必需的。亚里士多德说（《政治学》，第一篇，第二章）："人在达到德性的完备时是一切动物中最出色的动物；但如果他一意孤行，目无法律和正义，他就成为一切禽兽中最恶劣的禽兽。"这是因为人和其他动物不同，他拥有可以用来抑制卑鄙欲念和残暴行为的理性这一武器。

人法的从属于自然法（第二条，结尾）

圣奥古斯丁说（《论自由意志》，第一篇，第五章）："如果法律是非正义的，它就不能存在。"所以法律是否有效，取决于它的正义性。但在人类事务中，当一件事情能够正确地符合理性的法则时，它才可以就是合乎正义的；并且，像我们所已经知道的那样，理性的第一个法则就是自然法。由此可见，一切由人所制定的法律只要来自自然法，就都和理性相一致。如果一种人法在任何一点与自然法相矛盾，它就不再是合法的，而宁可说是法律的一种污损了。

可是我们应当注意，任何法律可以通过两种方法由自然法产生出来。第一，作为从比较一般的原理得出的结论。第二，作为某些一般特征的规定。前者类似赖以从第一原理得出论证性结论的科学方法。第二种方法类似规定某种普通形式用于一项个别实例的艺术方法：例如，当一位建筑师从一所房屋的一般概念出发，接着进而设计某一所房屋的特殊图样时，就有这样的情形。所以，有些规定是作为正式的结论从自然法得出的；如"不得杀人"这一结论是从"不要害人"这一箴言而来。其他的结论也是作为个别事项的规定而得出的。所以自然法规定应对任何犯罪的人实施惩罚。但是，一个人应当给以某种处罚，乃是自然法的一项特殊的规定。

两种类型的起源都可以在人法中找到。不过，用第一种方法得出的结论是不但由人法而且还由自然法所认可的；而用第二种方法得出的那些结论则只有人法的效力。

人法的区分(第四条，结尾)

有许多可以被看作人法分类根据的因素成为人法概念的一部分。首先，从上文所述，我们可以清楚地看出，人法的基本特点在于人法是由自然法得来的。根据这个观点，实在法可以分为万民法(ius gentium)和市民法(ius civile)；这就符合于我们已经探讨过的从自然法得来的双重来源。属于万民法的，是所有那些作为直接结论而直接从自然法得出的结论。这种结论是支配买卖以及为社交所必需的其他类似活动的标准；它们来自自然法，因为人天然是个社会动物，正如亚里士多德在《政治学》第一篇(第一章)中所证明的那样。另一方面，那些从自然法产生的作为个别应用的标准，构成任何城市根据其特殊需要而规定的市民法。

人法的第二个基本特点在于它以城市的公共福利为目标。根据这个观点，人法可以按照那些对于公共福利负有专责的人的不同职务加以区分：有为人民向上帝祈祷的祭司；有治理社会的统治者；有为社会的安全而作战的军人。对于这些类别的每一种，都有某种法规与之相适应。

人法的第三个特点，像我们已经指出的那样，在于它应该由市民社会的统治者来加以颁布。根据这个观点，人法可以按照不同的政治制度分类。像亚里士多德在《政治学》(第三篇，第五章)中所说的，其中一个政治制度是君主制度，即在城市由一人治理的时候出现的那种制度；对于这种制度，就有"君王的律令"与之相适应。另一种政治形式是贵族政治，即由一些最优秀的人物和贵族当政的政治制度；与此相适应的，就有"智者的意见"和"元老院的建议"。另一种是寡头政治，即由有财有势的人当政的政治制度；与此相适应的，有"执政官法"，或称为"荣誉法"(ius honorarium)。其次有全民政治或民主政治；与此相适应的，有"平民法"。最后有暴君制度，因为它腐败透顶，所以没有相应的法律。此外还有另一种混合政治的形式，由刚才提起的各种成分所组成，这是最好的政治形式。在这种形式下，法律是按照伊西多尔的界说(《语源学》，第五篇，第十章)，"经贵族和平民一致认可后"制定的。

法律的第四个基本特点在于它是支配人类行动的法则。根据这个观点，法律可以按照其不同的对象分类，并且有时候就以它们的制定者命名；所以我们谈到"关于通奸罪的朱理安法"和"关于暗杀罪的科尼利安法”，等等。这里所说的不是制定者，而是这些法律所处理的问题。

十、人法的效能(第九十六题)

它的通则(第一条，结尾)

任何为了某种目的而存在的东西必须与那个目的相称。法律的目的是公共福利，因为，像伊西多尔所说的(《语源学》，第二篇，第十章)，“法律的制定不应当只是为了某种个别的利益，而是应当以公民的普遍利益为着目点。”所以人法必须与公共福利有关。但公共福利是由许多不同的因素构成的。因此，无论就人就事，法律都必须考虑到这些不同的因素，并且还要注意到不同的时代。这是因为，政治社会是由许多人组成的；它的福利需要有大量的各种各样的规定；这种规定不限于任何一个时期，而是应该继续对公民的以后若干代都发生效力，正如奥古斯丁在《天城论》(第二十二篇，第六章)中所说的那样。

它的范围(第二条，结尾)

在通过法律的时候，应当考虑到将来要服从法律的人们的情况；因为，像伊西多尔所说(《语源学》，第二篇，第十章)，法律应该“无论对于自然或者对于当地的习惯都是适用的”。但行动的能力起源于习惯或内在的意向；一个有德之士能够做到的每一件事，对于一个没有向善习惯的人来说就并不同样是能够做到的，正如一个孩童没有办法去做成年人所能做到的一切事情那样。由于这个缘故，支配儿童的法律就和支配成年人的法律有所不同。有许多事情是准许儿童做的，但如果出在成年人身上，就要受法律的惩罚，甚至为法理所不容。同样地，有许多事情出在一个君子身上是不能容忍的，但对于那些德行不很高的人来说是可以准许的。

人法是为了广大的群众制定的，而其中大多数人的德行离完美的程度尚远。由于这个缘故，人法并不禁止有德之士所戒绝的每一种恶习，而只是禁止大多数人所能慎戒不犯的较为严重的恶行，特别是那些损害别人的不道德的行为，因为，如果这些行为不如禁止，就会使人类社会不能继续存在。谋杀、盗窃等等是人法所禁止的。

（同上，第三条，结尾）

各种不同德行的目的可以被认为是与个人的私利有关，或与社会的一般福利有关。例如，一个人可能为了保护城市或保卫朋友的权利而发挥刚毅不屈的美德；关于其他的德行，也有类似的情况。然而，像我们已经说过的，法律关心公共福利。所以任何德行的实施都是可以由法律规定下来的。同时，并不是一切德行的每一种行动都是由法律安排的，而是只有那些以公共福利为目标的行动才是如此；这种目标或者是直接的，如某件事情明白地为公共利益作出时那样；或者是间接的，如立法者制定某些有关风纪的规定，使公民们惯于尊重社会上对正义与和平的需要时那样。

人法的责任（第四条，结尾）

人们所制定的法律不是正义的便是非正义的。如果法律是合乎正义的，它们就从作为其根源的永恒法汲取使人内心感到满意的力量；正如《箴言》中所说的（第八章，第十五节）："帝王借我坐国位，君王借我定公平。"法律就以下几点来说可以被认为是合乎正义的：就它们的目的来说，即当它们以公共福利为目标时；或者就它们的制订者来说，即当所制定的法律并不超出制订者的权力时；或者就其形式来说，即当它们使公民所承担的义务是按促进公共幸福的程度实行分配时。这是因为，既然每一个人是社会的一部分，则任何人的本身或其身外之物就都与社会有关；正如任何一个部分就其本身而言都属于整体一样。由于这个缘故，我们看到自然往往为了保全整体而牺牲一部分。根据这个原则，那些在分配义务时能注意适当比例的法律是合乎正义的，并能使人内心感到满意；它们是正当的法律。

反之，法律也可以由于两种缘故而成为非正义的。首先，当它们由于违反我们刚确定的标准而与人类幸福不利时。或者是关于它们的目标，例如一个统治者所制定的法律成为臣民的沉重负担，无补于公共利益，而是旨在助长他自己的贪婪和虚荣。或者是关于它们的制订者；如果一个立法者所制定的法律竟然超过他被授权的范围。或者，最后是关于它们的形式；如果所规定的负担即使与公共福利有关，却在全社会分配得很不平均。这种法律与暴力无异，而与合法性并无共同之处；因为，像圣奥古斯丁在《论自由意志》（第一篇，第五章）中所说的："不公道的法律不能称之为法律。"因此，这种法律并不使人在良心上感到非遵守不可，除非偶然为了避免诽谤或纷扰。在这种情况下，一个人也许甚至不得不放弃他的种种权利，像圣马太所教导的（《马太福音》，第五章，第四十至四十一节)："有人强逼你走一里路，你就同他走二里；有人要拿你的里衣，连外衣也由他拿去。"

其次，法律可以由于与神的善性相抵触而成为非正义的：例如横暴的法律强迫人们崇拜偶像或作其他任何违反神法的行动。这种法律在任何情况下也不可服从；因为，在《使徒行传》中说(第五章，第二十九节)："顺从神而不顺从人，是应当的。"

它的强制力量(第五条，结尾)

我们从上文可以看出，法律有两个基本的特点：第一个是指导人类行动的规则的特点；第二个是强制力量的特点。所以一个人有两种方式可以受法律的支配。或者是，凡是听从指导的行动都受规章的支配。从这方面说，所有服从某种权力的人也就受那种权力所颁布的法律的支配。这种服从在两个情况下不能推行。第一，当一个人完全免除这种服从时。所以一个城市或王国的公民就不受另一城市或王国的统治者的法律的约束，正如他们并不受他统辖一样。第二，当有些人受一种较高的法律的支配时。所以，例如，一个受地方总督支配的人必须服从他的命令，但他在皇帝所派定的事情上就可不受此限；因为在这些事情上，他既然服从于较高的指挥，就不再受其部下的命令的约束。在这种情况下，一个人在原则上虽然受某种法律的支配，却由于在某些事情方面听命于一种较高的法律而在这些事情上可以不必遵从他原来应该遵从的那种法律。

一个人可以说是从而受法律支配的第二种方式是，他所处的地位像一个不得不去做那对他有拘束力的事情的人一样。按这个意义来说，有德行的和正直的人士不受法律的支配，只有坏人才受它的约束。这是因为，凡与强制和暴力有关的事情都是违反意志的。但好人的意志同法律相一致，而在坏人身上则意志是与法律背道而驰的。所以，在这个意义上，好人不受法律支配，只有坏人才受它支配。

（同上，第三节）

据说，就法律的拘束力而言，一个君主的地位是超过法律的[①]。这是因为谁也不能为其自身所拘束，并且法律的拘束力只能起源于君主的权力。所以，据说君主的地位就超过法律，因为如果他违犯法律，谁也无法对他宣告有罪的判决。所以《圣经》的注释在注解《诗篇》第五十篇（第六节）“我只有对你犯罪”等等的原文时说明，“没有人能够审判一个君王的行动。”但是，就法律的支配能力来说，一个君主的自愿服从法律，是与规定相符合的〔见《教皇教令》第一编，第二章，第六节〕：“无论何人，如为他人制定法律，应将同一法律应用于自己身上。我们根据贤哲的意见了解到，你应当使自己受你所颁布的同一法律的支配。”在《法典》里，罗马皇帝狄奥多西和瓦仑蒂尼安写信给地方长官沃鲁西亚努斯说：“如果君王自承受法律的拘束，这是与一个统治者的尊严相称的说法；因为甚至我们的权威都以法律的权威为依据。事实上，权力服从法律的支配，乃是政治管理上最重要的事情。”[②]神也斥责那些“能说不

① 这一原理也起源于罗马法，见《罗马法典》，第一篇，第三章，第三十一节。

② 《法典》，第一篇，第十四章，第四节。

能行"和"把难挑的重担捆起来搁在别人的肩上,但自己一个指头也不肯动"的人们(《马太福音》,第二十三章,第四、五节)。所以,按照上帝的判断,一个君王不能不受法律的指导力量的约束,应当自愿地、毫不勉强地满足法律的要求。所谓君王的地位高于法律,也可以从这样的意义来理解:如果必要的话他可以变更法律,或者根据时间和地点免于实施法律的某些规定。

人法的解释。例外的情况(第六条,结尾)

有如上述,全部法律都以人们的公共福利为目标,并且仅仅由于这个缘故,它才获得法律的权力和效力;因此只要它缺乏这种目标,它就没有责成人们担负义务的力量。所以法学家莫台斯蒂努斯[①]说,"无论正义和公平都不容许为了人们的利益而有效地订立的法律,由于过分生硬的解释而变得苛刻和有害于社会。"现在往往发生这样的情况:遵守某项规定,虽然一般说来是与社会有益的,但在其他某些情况下,却是极端有害的。这是因为,既然立法者无法预料一切个别的情况,他在制定法律时便力求使它适合一般的情形,以期普遍适用。所以,万一遵守这种法律会损害公共福利,那就不应当加以遵守。例如,一个城市在被围期间可能颁布一项法令,命令将各个城门严加锁闭,而这种规定一般说来是有利于公共幸福的。但是,万一敌人正在追击一些能对城市安危起决定作用的公民,那么,如果不开城把他们接进城来,那将是该城的极大不幸。在这种情况下,显然应当打开城门,这虽然违反法律的条

① 《罗马法典》,第一篇,第三章,第二十五节。

文,却照顾到那个立法者所注意的公共幸福。

然而,我们必须记住,如果对于法律条文的判断并不是一个关于需要立即采取行动的迫在眉睫的危险的问题,那么,什么事情与公众有利,什么事情与公众不利,就不是任何人有权解释的了。这种判断理应属于统治者,他们正是为了应付这样的情况才有权不去执行法律的。不过,当危险迫近,来不及把问题向当局提出时,需要本身可以允许权宜行事;因为需要临头无法律。

十一、人法的易变性(第九十七题)

这种易变性的缘由(第一条,结尾)

上文已经说过,人法是借以调节人类行动的理性的某种命令。根据这个观点,有两个原因可以证明人法的改变是正当的。第一个原因是在理性方面,第二个原因是在其行动受法律限制的人们方面。说它在理性方面,因为人类理性之逐渐从不完全阶段趋于较为完全的阶段,看来是很自然的。所以我们在思辨科学中看到,那些最初开始用哲学推究事理的人们得出了一种不完全的学说,由他们的后继者嗣后苦心构成一种比较完整的理论。在实际问题上情况也是如此。那些立志要研讨何者对人类公共幸福有利的问题的人们,由于本身无法解决整个的问题,只是规定了某些在很多方面有缺陷的不完全的条例;这些条例后来由他们的后继者加以修改,保留了那些从公共利益的观点看来缺点最少的部分。

在其行动受法律控制的人的方面,法律的改变可以由于变动了的情况而获得它们的理论根据；这是因为，不同的标准是按照人们所处的不同情况得出的。圣奥古斯丁在《论自由意志》第一篇第六章里举了这方面的一个例子："如果一个国家的公民奉公守法，严肃认真，并小心谨慎地尊重公共的利益，那么法律就有理由使他们享有选举自己的地方长官以管理公共事务的特权。但如果那些公民逐渐不老实起来，选举发生舞弊，因而政府落入坏人和奸诈之徒的手中，那就应当剥夺他们的选举公职的权力，恢复仅有少数诚实君子能够享受的有限的选举权。"

这种易变性的范围（第二条）

我们已经说过，人法的改变只有在它达到有利于一般福利的程度时才是正当的。可是，法律发生改变这一事实本身在某种意义上讲是与公共幸福有害的。这是因为在遵守法律的方面惯例十分重要，以致任何违反一般惯例的行动即使本身无足轻重，也似乎总是比较严重的。所以当法律发生改变的时候，只要抛开惯例，法律的强制力就会减少。由此可见，除非对公共福利所产生的利益足以补偿所造成的损害，否则人法就永远不应加以改变。如果新的法规包含明显的巨大好处，或者，如果由于旧的法律内容显然不很公正或在遵守旧的法律时必然产生有害的后果，因而存在着迫切的需要，可能就是利多弊少。所以那位法学家[①]说，"在通过新的宪法时，它们的效用必须在废除那些一向被认为公正的法律以前是众目昭彰的。"

① 厄尔比安：《罗马法典》，第一篇，第四章，第二节。

习惯的价值(第三条,结尾)

一切法律都是从立法者的理性和意志中产生的:神法和自然法从上帝的合理意志中产生,人法则从受理性支配的人的意志中产生。人的理性和意志通过言行而在行动上表现出来,因为人们认为是善良的行动的判断标准可以在一个人的行径中找到。言论是人类理性的内在活动和概念的表达,显而易见,法律是可以通过言论而加以改变和解释的。同样地,法律的改变和解释可以通过重复多次的行动,例如归结为习惯的行动;因此往往会有具有法律效力的新的习惯产生,就是说,这种往往经过证实的内在动作清楚地表明了理性的概念和意志的内心活动。因为不论做什么事情,往往可以看出那是理性的审慎判断的结果。按这个意义来说,习惯具有法律的力量,它可以取消法律,也可以作为法律的解释者。

习惯和法律的关系(同上,第三节)

一种习惯在其中变成常规的社会可以有两种情况。如果所说的是一个有权制定它自己的法律的自由社会,则全社会之同意遵守某种习惯,就比君主的权威更有价值,因为君主的制定法律的权力是从他代表社会这一事实产生的。在这种情况下,整个社会——虽然不是单独的个人——可以制定一项法律。反之,如果所说的社会无权制定它自己的法律,也无权废除由某一位高级权威发布的一项法令,那么在这种社会中已经确定的一个习惯就可以取得法律的资格,如果它继续被那些负责为社会立法的人们所宽容的话。这是因为,从那习惯深受宽容这一点可以推断,立法者是赞成习惯所作出的规定的。

十二、法律义务和道德义务的区别

法律和敦品励行(第一百题,第九条)

我们在上文已经指出,一个法令具有强制的力量,因此,凡是由法律强迫遵守的事项都可以说是直接属于法令的范围。可是,正如《伦理学》第十篇中所指出的,法律的强制性要通过对于惩罚的恐惧心理才能发挥作用;因为那些问题可以说是完全受那为此而实施法律惩处的法令的支配的。因此,神法在其实施惩罚的方面与人法有所不同。既然法律是根据一项已经宣告的判决实行惩处的,法律的惩罚就只用于立法者有能力作出判决的问题上。人作为人法的制订者,只能对外在的行动作出判断,因为正如我们在《列王记上》中读到的,“人看见显现的事”。只有作为神法制订者的上帝才能判断意志的内在活动,如大卫王所说,“神是内心活动和驾驭手段的探索者。”

从这一点看,我们必须得出这样的结论:德行的砥砺一方面既受人法又受神法的支配,另一方面却不受人法而只受神法的支配。还有就是从它既不受神法又不受人法影响这一点来说的第三种意思。按照亚里士多德(《伦理学》,第二篇,第四章)的说法,砥砺德行的方式有三。其中的第一种是说一个人应当自觉地行动。这是要受神法和人法的判断的支配的。因为一个人无知地做的任何事情,都是偶然做出的,所以神法和人法在判断某些事情是否可以惩罚或宽恕时,必须考虑到无知的问题。

第二点是说一个人应当自愿地行动，为了自己而审慎地选择个别的动作。这包含着我们上文已经谈到的意志和概念的双重的内在活动。单是神法就足以判断这些问题，而人法却非如此。这是因为人法并不惩罚那个意图谋杀而没有实行的人，虽然神法是要惩罚他的，像我们在《马太福音》（第五章，第二十二节）中读到的那样："凡向弟兄动怒的，难免要受审判。"

第三点是说一个人应当根据一条牢固的和不变的原则办事；这种牢固性纯粹是从惯例产生的，只有在一个人凭根深蒂固的习惯行动时才能生效。按这个意义来说，德行的砥砺既不属于神法的法令，也不属于人法的法令，因为一个人即使缺乏孝道的习惯，只要他能充分地尊敬父母，就绝不会背上破坏法纪的罪名而受到上帝或人类的惩罚。

十三、一种混合的政治制度
（第一百零五题）

各种政体及其融合为上帝给予犹太人的那种政体（第一条）

关于一个城市或国家的权力的正当安排，有两点必须加以考虑。第一点是大家都应当在某一方面参与政治。事实上，正是这一点保障了社会内部的安宁，并且，像我们在《政治学》（第二篇，第一、二节）中读到的，各国人民都珍视和保卫这种情况。另一个需要考虑的问题涉及政体或管理政治事务的形式。在亚里士多德在《政治学》第三篇（第五、六、七节）所列举的各种政体中，比较重要的是君主政治和寡头政治;前者只有一人依据德行实行统治,后者则为少数人依据德行在其中执掌职位的由若干最优秀的人士实行的统治。所以,当有一位德行高超的人治理着大家,他手下还有其他一些人实行仁政的时候,并且当大家由于具有当选的资格以及参加选举统治者而参与这种政治的时候,一个城市或一个王国的内部就获得了权力的最好的安排。在君主政治下,只有一人执掌政权;在寡头政治下,有许多人依据德行参加政府;在民主政治或平民政治下,统治者可以从人民中选出,而全体人民都有权选举他们的统治者——这些制度的适当的混合就造成最好的政体。这也就是神法所规定的一种政体。因为摩西和他的继承者作为凌驾一切人之上的唯一领袖而统治他们的人民,但他们还依据德行选举七十二个长者来协助他们,像《申命记》(第一章,第十五节)中所说的:"我将就你们各支派中选择有智慧并为众人所尊敬的人,立他们为首领。"这就是寡头政治。可是,《出埃及记》(第十八章,第二十一节)中说,"要从百姓中遴选有才能的人"等等;《申命记》(第一章,第十三节)中说,"你们要按各支派,选举有智慧有见识的人"等等;因此按照他们从全体人民中产生以及由人民选举他们这两点来理解,这也是民主政治。所以,显而易见,在〔《旧约》的〕律法中存在着十分出色的权力安排。

有限的君主制。它的好处和特点(同上,第二节)

如果君主政体不发生腐败现象,它是治理一国人民的最好的政体。但是,由于君主获得了广泛的权力,除非这个大权在握的人具有完美的德性,君主政治就很容易蜕化为暴君政治,因为如亚里士多德所说(《伦理学》,第四篇),“唯独有德之士才能在一帆风顺时始终保持正直。”然而,具有完美德性的人却寥寥无几;特别是犹太人,他们残酷成习,贪婪成性,而残酷和贪婪则是导使人们走向淫虐的两种主要恶德。所以上帝一开头就没有把享有无上权力的君主置于他们之上,而是派一个士师和官长去治理他们;只是到了后来,根据人民的请求,他才仿佛很生气地给了他们一个国王,像我们从他对撒母耳说的话(《撒母耳记上》,第八章,第七节)里所看到的:“他们不是厌弃你,而是厌弃我,不要我做他们的王。”可是,关于君主政治的制度,他一开头就规定国王应怎样由选举产生,并且他在这方面规定两件事情;在进行选举的时候,他们应当“考虑上帝的判断并且不向另一个国家去寻求君王”,因为这种君王一般说来并不能很好地适应他们被置于其上的百姓的情况,因而对他们没有什么感情。其次,关于君王的设置,他规定他们〔君王〕应当怎样洁身自好,不应“扩大他们的车辆、马匹或妻妾的数目,也不应蓄积庞大的财产”,因为从这种欲望出发,君王就立刻变成暴君,并背离正义。他也规定他们应当以怎样的态度对待上帝,要他们“经常研究和考虑上帝的律法,始终服从和畏惧上帝”。最后,他规定他们应当怎样对待他们的臣民,不得“傲慢地轻视他们,不得压迫他们,也不得侵害他们的权利”。

第二部分之二

十四、政治的和宗教的义务

基督教的信仰自由(第一百题,第八条)

在异教徒中间,有些人从来没有信仰过基督教,例如异邦人和犹太人;我们不能强迫这些人相信基督教并表白他们的信仰。这是因为信教取决于意志。然而,如果基督教信徒希望这样做,他们可以使用武力,防止人们用渎神、恶意劝阻甚或明目张胆的迫害等手段来妨碍宗教信仰。由于这个缘故,基督教徒曾经屡次同异教徒作战,其目的并不是要强迫他们相信基督教(因为基督教徒即使征服了他们并俘虏了他们,后者仍旧会有信仰基督教与否的自由),而是要防止他们来阻挠基督教的宣传。另外还有一些异教徒,他们曾经相信基督教并表示过他们的信仰,例如异端分子和一切的背教者,对于这种人就应当施加压力,甚至在身体上给予拘束,强迫他们履行自己曾经答应承担的义务并遵守他们曾经表示愿意永远遵守的教律。

在信仰有所不同时政治义务的有效程度(同上,第十条)

我们可以根据两种观点来考察这个问题〔异教徒是否可以对基督教徒行使统治权或主权〕。第一,当异教徒对基督教徒的支配权或统治权还没有确立的时候;而这在任何情况下都是不允许的。因为这会引起世人的愤慨,并使信教发生危险。也因为很容易发生这种情况:受别人管辖的人出于对那些地位比其优越的人的服从心理,可能在别人劝诱之下改变自己的主张并遵从他们的叮嘱,除非他们碰巧是道德非常高尚的人。与此同时,当异教徒知道了基督教徒的变节行为的时候,不免要轻视他们。所以使徒禁止基督教徒去向一个异教徒的士师请求裁判。同样地,教会在任何情况下都不能让异教徒获得对基督教徒的统治权,也绝不可以让异教徒担任的职位高于基督教徒。第二,我们必须考虑一下支配权或统治权已经确立的情况。在这方面我们必须注意到,支配权和统治权是以人法为根据的;但基督教徒和异教徒的区别则由神法所规定。虽然如此,作为天赐之法的神法却并不废除以自然理性为基础的人法。所以,单从其本身考虑,基督徒与异教徒的区别并不使异教徒对基督徒的支配权和统治权归于无效。然而,这种享有统治权或支配权的权利是可以由教会通过它的高级神职人员理直气壮地用命令加以废除的;因为异教徒既然不信上帝,就理应丧失其支配那些已经成为神的儿子的基督徒的权力。但是事实上教会有时采取这种办法,有时又不采取这种办法。

对于非基督教教派的宽容(同上,第十一条)

人类的统治权起源于神的统治权,并且应当以神的统治权为模仿的榜样。全能和至善的上帝有时让世上作恶,虽然他是能够加以防止的;他这样做是唯恐较大的善会受到摧残,甚或较大的恶会相继效尤。所以,在人类的政治方面,当权的人可以正当地让某些弊害存在，免得某种善行会徒成泡影，甚或为较大的恶行所代替。像圣奥古斯丁在《论天命》（第二篇，第四章）中所说的：“如果取缔娼妓，放荡淫乱的事情将层出不穷而不可遏制。”因此，虽然异教徒可能因其宗教仪式而犯有罪孽，他们却或者由于他们可能从其中取得的善，或者由于借此避免的恶，应当得到宽容。在犹太人的宗教仪式中，我们现在所信奉的真正的宗教在古时预先露了端倪，因此从犹太人举行他们的仪式这一事实，可以获得这种好处，即：我们从敌人方面得到我们基督教的历史证据以及我们信仰的象征性的表现；所以犹太人是被容许举行他们的宗教仪式的。可是，其他异教徒的仪式既然丝毫不包含真实的内容或有用的部分，就绝不应当加以容忍；除非是可能为了避免某种弊害，例如避免物议或对他们的压制可能引起的冲突；或者是为了避免在拯救那些由于这种宽容而最后改信基督教的人们的过程中遭遇障碍。为了这个缘故，当异教徒人数很多的时候，教会有时连异端分子和邪教徒的仪式都是加以宽容的。

异端分子可以不予宽容（第十一题，第三条）

关于异端分子，有两点必须记住。第一点关系到异端分子自己。第二点关系到教会。从异端分子本身的观点来看，他们罪孽昭彰，因此不但应该把他们逐出教会，而且还应该处以死刑，把他们从世界上消灭掉。这是因为，败坏作为精神生活的宗教信仰，比起伪造维持世俗生活的货币来，问题要严重得多。所以，如果说货币伪造者和其他的坏人由世俗当局毫不容情地处以死刑是公道的，那么，异端分子一旦被证明犯有相信异端的罪行时，就可以有充分得多的理由不但被开除教籍，而且被处死刑。在教会方面，存在着希望那些犯错误的人幡然悔改的慈悲心肠。为了这个缘故，教会并不立刻判罪，而是像使徒所教导的那样，“要在训诫一两次以后才作出宣告”。只有到那个时候，如果异端分子仍旧顽固不化，教会感到他已不可救药，它才为别人的安全打算，用开除教籍的处分使他与教会分离，把他交给世俗的审判机关，由它判处死刑来把他从世界上消灭掉。圣杰罗姆[①]说，并且我们也读到：“腐肉必须割掉，染了疫病的羊子必须扔出羊栏；免得整个牲畜棚全波及到，大批的羊子受到侵害，成群地发生感染，终于死亡殆尽。亚里厄斯[②]不过是亚历山大城的星星之火，但由于没有立即把它扑灭，一场大火使整个世界遭到浩劫。”

由于宗教方面的种种考虑而中止公民义务(第十二题，第二条)

上文我们已经说到，既然统治权是从作为人法的万民法产生的，那么不信基督教的行为按其本身来说就并不与统治权互不相容。另一方面，基督徒和异教徒之间的区别溯源于神法，而神法是并不取消人法的。但是，由于不信基督教而犯有罪孽的人们，可以根据司法裁判被剥夺他们的统治权利，正如他们也可以为了其他的过失被剥夺这种权利一样。不过，使徒保罗说过(《哥林多前

① 圣杰罗姆(Saint Jerome，340？—420)，中世纪教会中四大学者之一，著有教会史和圣经注释之类的大量著作。——译者

② 亚里厄斯(Arius，死于公元336年)，宣传上帝不可知和基督为人的学说，被目为异端。——译者

书》,第五章,第十二节),“审判教外的人与我何干?”根据这种说法,如果从来没有相信基督教的人缺乏信仰,教会就无权加以惩罚。至于从前信过教的人现在发生叛教情事,教会是可以通过司法审判加以惩罚的;他们由于丧失了统治基督徒的权利而受到惩罚,乃是合乎正义的。因为这种叛教行为可以引起基督教的广泛的败坏;正如人们所说的,“叛教者心萌恶念,制造不和”,竭力想使人们脱离基督教。所以,当一个统治者由于背弃基督教而被宣判开除教籍时,他的臣民事实上就立刻摆脱他的统治,解除那种使他们对他承担义务的忠诚誓言。

十五、战争(第四十题)

正义战争的条件(第一条)

要使一场战争成为正义的战争,有三个条件是必要的。第一是有权宣战的统治者的权威。一个私人不得宣战;因为他可以求助于一个长辈的裁判来保卫他的权利。他也无权动员为战争所需要的人力。但是,既然统治者们受权负有处理公共事务的责任,负责保卫城市、区域或省份的人们就要受他们的支配。他们在惩罚罪犯时用公民的力量正当地保卫国家,以弥平一切国内的变乱;像使徒保罗所说的(《罗马人书》,第十三章,第四节):“他并不空佩宝剑。他是神的用人,是申冤的,刑罚那作恶的。”同样地,他们也有责任用战争的武器来保卫国家,以抵御外来的敌人。为此,神在《诗篇》第八十二篇中叮嘱统治者们“要保护贫寒和穷乏的人,救他们脱离恶人的手”。圣奥古斯丁在他的《反傲幸》一书第二十三章

第七十三节中说："应该加以和平处理的人们的自然秩序，要求把宣战的权力和决定交由统治者掌握。"

第二是需要一个有充分根据的理由，也就是说，那些为了某种罪行而受攻击的人理应获得这种对待。圣奥古斯丁说（《论〈约书亚书〉》，第十题）："当一个民族或一个国家由于不能赔偿所造成的损害或不能归还非法占有的东西而应当受到惩罚时，那些为某种损害复仇的战争一般叫做正义的战争。"

第三是在交战者的方面需要有一个正当的目的，或者是为了达到某种好的目标，或者是为了避免某种祸害。所以圣奥古斯丁在《论天主的话》一书里说："如果战争不是为了贪婪或出于残暴，而是从抑恶助善的和平愿望出发而掀起的，那么对于上帝的真正的信徒来说，即使战争也是和平的。"我们可以碰到，即使战争是由合法的当局宣布的，并且也有理直气壮的根据，然而它却由于居心叵测而变成非正义的。圣奥古斯丁在《反傲幸》第七十四章中说："损人的欲望，仇杀的残暴，冷酷而毫不容情的精神，胜利后的趾高气扬，对于权力的觊觎，凡此种种，在战争中都是理应加以谴责的。"

十六、抵抗暴政的权利
（第四十二题，第二条）

暴政的目的不在于谋求公共福利，而在于获得统治者的私人利益，所以它是非正义的。这一点从亚里士多德在《政治学》第三篇和《伦理学》第八篇的言论中都可以清楚地看出来。因此，推翻这种政治，严格地说来并不是叛乱；除非是可能发生这样的情况，即推翻暴政的行动带有严重的纷扰，以致社会从继之而起的骚乱所受的损害比旧有统治的继续来得大。事实上，当一个暴君在受他支配的臣民中间制造倾轧和纷争，以便更容易地统治他们的时候，他本人就犯了远为严重的叛乱的罪行。一切措施都是为了损害社会的利益来满足统治者的个人欲望，乃是暴政的一个特点。

十七、政治上的深谋远虑

它的性质（第四十七题，第十条）

无论是谁，只要他促进社会的公共幸福，他就是同时促进他自己的个人幸福。这有两层理由。第一，因为如果没有家庭、城市或国家的幸福，个人的幸福是不能存在的。华列里厄斯·马克西穆斯讲起古代的罗马人时说，“他们宁可做富国的穷人，而不愿做穷国的富人。”第二，因为一个人既然是家庭或城市的一部分，当然就应该根据他对公共幸福审慎考虑的结果来考虑他个人的幸福。任何一个部分安置得是否妥当，必须取决于它同整体的关系。正如圣奥古斯丁在《忏悔录》里所说的：“如果各个部分不与它们的整体相适合或一致，它们就是不纯正的。”

它的目的（第五十题，第一条）

深谋远虑的目的是管理和指挥。所以，在任何地方，只要在人类行动中可以发现某种特殊形式的管理和指挥，就也可以发现某种特殊形式的深谋远虑。但是，显而易见，如果一个人的责任不仅要管理他自己，而且要管理像一个城市或国家这样的完整的社会，那么在他这方面就可以发现一种特殊的和完整的管理形式。这是因为，管理的面愈广，它就愈加完整，并且它的范围愈大，它的目标就愈高。所以，既然君主的责任是统治一个城市或王国，他就必须具有性质特殊和最完善的深谋远虑。由于这个缘故，我们把一种"政治的"深谋远虑同其余的形式区别开来。

十八、自然的和实在的正义（第五十七题）

实在的正义的起源（第二条，结尾）

公理或正义全在于某一内在活动与另一内在活动之间按照某种平等关系能有适当的比例。对于人来说，有两种方法可以确立这样的比例。第一，根据当然的道理；例如，当一个人拿出这么多东西的时候，他可以得到同样多的东西作为交换。这就叫做自然的正义（ius naturale）。第二，一件东西可以通过协议或共同的同意，与另一件东西相比较或比拟；例如，一个人自称愿意接受这样一个数量时就是这种情况。这种情况又可以由两种途径发生。或者是通过私人协议，如在许多个人中间订立一项契约时就是如此；或者是以代表社会实行管理的统治者的命令为依据。这就叫做实在的正义（ius positivum）。

实在的正义之从属于自然的正义（同上，第二节）

人类的意志可以根据共同的同意使本身并不违反自然正义的

任何事情而具有法律价值。这正就是实在法的范围。所以亚里士多德(《伦理学》,第五篇)把那在法律上合乎正义的事情明确地解释为“其本身并不呈现任何价值的区别而是在被规定时才获得价值的事情”。但是,如果一件事情本身违反自然的正义,人类的意志就无法使它成为正义的;例如,如果规定可以偷窃或通奸,就发生这样的情况,所以《以赛亚书》(第十章,第一节)里说:“祸哉那些设立不义之律例的。”

十九、正义和国家(第五十八题)

在国家中实现正义的各种方法(第一条,第五节)

神由于实施管理和指导,把各人应得的东西归于各人;因为,像《伦理学》(第五篇,第四章)中所说的,“神是正义的体现”以及“统治者是正义的保管人”。另一方面,臣民以执行者的资格把各人应得的东西归于各人。(参看第六条结尾:正义……在统治者方面是带有本原性的和建设性的;但在臣民方面,它是衍生的和带有执行性的。)

正义和公共幸福(第五条,结尾)

有如上述,正义的目的在于调整人们彼此的关系。这里有两种情况可以考虑。或者是,对别人的关系当作个别的关系。或者是,对别人的关系当作一种共通的关系,即达到这样的程度:凡是某一个社会的公民也受组成该社会的一切人士的支配。这两种情况都牵涉到正义。因为,显而易见,组成社会的一切人士同社会的关系，正如各部分同一个整体的关系一样。部分本身属于整体；因此任何局部的利益从属于整体的利益。从这个观点来看，无论就一个人对他自己或就人们之间的关系而言，任何有益的行动和善行都涉及作为正义的目标的公共幸福。按照这个意义来说，只要正义能够导使人们致力于公共幸福，一切德行都可以归入正义的范围。

公共幸福和个人利益（第七条，第二节）

全城的公共幸福和一个人的个人幸福不仅有量的不同，而且还有形式上的区别；因为公共幸福在性质上有异于个人幸福，正如部分的性质不同于整体的性质一样。所以亚里士多德（《政治学》，第一篇，第一章）说："那些硬说城市、家庭和其他相类的团体只有大小之分而无特殊区别的人是错误的。"

二十、世俗权力和宗教权力的关系

宗教权力干预世俗事务的权利（第六十题，第六条，第三节）

正如圣格雷戈里·纳齐安哲斯[①]所说（《雄辩术》，第十七章），世俗权力之服从宗教权力，犹肉体之服从灵魂。所以，如果一位主教就世俗权力受其支配的那些事情对世俗事务发生兴趣，或对世

① 圣格雷戈里·纳齐安哲斯（Saint Gregory Nazianzus，329—389），神学家，希腊正教运动领袖。——译者

俗权力交其处理的问题发生兴趣，那并不算是越权。

宗教当局服从世俗当局的可能性（第六十七题，第一条，第二节）

在人类事务中，可能发生这样的情况：有些人会自发地服从别人的裁判，即使这些人也许并不是他们的上司；例如当人们求助于公断的时候就是如此。但是，公断人既然不是上司，本身就没有充分的权力强迫人们实行他们的决定，因而这种决定必须附带某种默认。按这个意义来说，基督是爽快地接受人间的裁判的，教皇利奥也是甘愿接受皇帝的裁判的。

世俗领域和宗教领域的区别（第一百四十七题，第三条，结尾）

世俗的君王有权就世俗事务中有关公共幸福的一切问题，颁布一些法令作为对自然法的个别规定；同样地，基督教教会的主教们的职权范围，是用令状来规定那些影响到信徒们对其精神福利的志趣的事项。

二十一、财产权（第六十六题）

人对自然的控制（第一条，结尾）

有形的东西可以从两方面来考虑。首先是关于它们的本性；这并不在人的权力的范围之内，而是在一切事物都服从其意愿的神的权力的范围之内。其次是关于这样一些东西的用途。在这方面，人具有对有形的东西的自然支配权。这是因为，他可以依靠他的理性和意志，为了他自己的利益而利用有形的东西，仿佛它们是为此被创造出来似的；同时这也是因为，有如我们已经看到的，不完善的事物是为了有利于比较完善的事物而存在的。根据这一原则，亚里士多德证明(《政治学》，第一篇)：占有有形的东西，对人来说是很自然的。人凭借使他成为上帝的表象的理性而具有的这种对其他生物的自然统治权，在创造人的过程中(《创世记》，第一章)清楚地表明出来，因为在那篇经文中说："我们要照着我们的形象，按照我们的样式造人，使他们管理海里的鱼"，等等。

私有财产的范围(第二条，结尾)

关于有形的东西，有两点是人们必须加以考虑的。首先是有关取得和处置的权力；在这方面，私人占有是准许的。有三个理由足以说明这对于人类的生活来说也是必要的。第一，因为每一个人对于获得仅与自身有关的东西的关心，胜过对于所有的人或许多别人的共同事务的关心。各人在避免额外劳动时，总把共同的工作留给第二个人；像我们在官吏过多的情况下所看到的那样。第二，因为当各人有他自己的业务需要照料时，人世间的事务就处理得更有条理。如果每一个人什么事情都想插一手，就会弄得一团糟。第三，因为这可以使人类处于一种比较和平的境地，如果各人都对自己的处境感到满意的话。所以我们看到，只有在那些联合地和共同地占有某种东西的人们中间，才往往最容易发生纠纷。

在有形的东西方面与人类有关的另一点是它们的用途。就这一点来说，人们只应当在有利于公共幸福的情况下把有形的东西保留下来作为他们自己的东西;各人都愿意在必要时同别人共享那些东西。所以使徒保罗说(《提摩太前书》,第六章):“要嘱咐那些今世富足的人行善,甘心施舍,乐意供给人。”

私有权起源于人法(同上,第一节)

公有制可以归因于自然法,这并不是说,自然法规定一切东西都应公有,不准有私有权存在,而是说,并没有以自然法为根据的所有权之分,只有通过人们的协议才有这种区别;而像我们已经指出的那样,人们的协议是属于实在法的。由此可见,私有权并不违背自然法,它只是由人类的理性所提出的对于自然法的一项补充而已。

博爱的义务(第七条,结尾)

人法的内容绝不能损害自然法或神法的内容。根据神意确立的自然条理来说,物质财富是为了满足人类的需要而准备的。因此,由人法产生的划分财产并据为己有的行为,不应当妨碍人们对这种财富的需要的满足。同样地,一个人无论有什么多余的东西,自然应该给予穷人,供他们生活的需要。所以阿姆布罗西厄斯[①]说,并且在圣杰罗姆的著作中也可以找到:“你囤积的粮食是属于饿民的;你皮藏不用的衣服是属于衣不蔽体的人的;而你埋在地下的金钱则是一钱不名的人的救星。”可是,贫穷的人很多,他们不能

① 阿姆布罗西厄斯(Ambrosius,340? —397),米兰主教,著有经义诠释若干种。——译者

全体从同一个来源得到帮助，因此就要由许多私人主动地做好准备，用他们自己的一部分财产去帮助贫苦的人们。但是，如果存在着迫切而明显的需要，因而对于必要的食粮有着显然迫不及待的要求，——例如，如果一个人面临着迫在眉睫的物质匮乏的危险，而又没有其他办法满足他的需要，——那么，他就可以公开地或者用偷窃的办法从另一个人的财产中取得所需要的东西。严格地说来，这也不算是欺骗或盗窃。

二十二、高利贷

牟利的动机(第七十七题，第四条，结尾)

专心从事于货物的交换的人叫做商人。可是像亚里士多德所说的(《政治学》，第一篇，第三章)，交换物品有两种动机。第一种可以称为自然的和必要的交换；当物品与物品交换或物品与货币交换以应生活所需时，就盛行这种交换。严格地说来，这种交换并不是商人的事情；而宁可说是管家或政治家的职分，因为他们的任务是设法使家庭或国家获得生活必需品。另一种交换是货币交换货币或任何种类的物品交换货币，它不是为了必要的生活问题而是为了牟利而进行的。严格地说来，正是这种交换似乎才算是商人的事情。按照亚里士多德的说法，因为第一种交换有利于自然的需要，它是值得称赞的。第二种交换理应受到谴责，因为它势必只会助长利欲，而利欲是漫无止境，总是得寸进尺的。因此，从本质上看，贸易总含有某种恶劣的性质，因为它本身并没有任何诚实的或必要的目的。

贸易的目的是牟利，虽然牟利本身并不包含任何诚实的或必要的目标，它却也并不包含任何有害的或违反道德的事情。所以没有什么东西能够阻碍它转向某种诚实的或必要的目标。这样，贸易就变成合法的了。例如，当一个人使用他从贸易中求得的适度的利润来维持他的家属或帮助穷人时，或者，当一个人为了公共福利经营贸易，以生活必需品供给国家时，以及当他不是为了利润而是作为他的劳动报酬而赚取利润时，情况就是如此。

从道德上讲，高利贷是绝不可以允许的(第七十八题，第一条，结尾)

贷出款项而接受高利，按其本质来就是不公道的；因为这等于是出卖并不存在的东西，显然一定会产生不平等现象，而不平等现象是违反正义的。为了更好地理解这一点，我们应当指出，有些东西的使用在于它们的消费；例如，酒在用作饮料时被消费掉，小麦用作食物时被消费掉，情况就是如此。在这种情形下，那件东西的使用权和那件东西本身是不能分别考虑的，所以无论什么时候，只要把那件东西的使用权给予某一个人，也就同时把那件东西本身给了他。由于这个缘故，所有权就在这种情况下通过借贷的行为而有所转移。如果一个人分别地出卖酒和酒的使用权，他就是重复出卖同一件东西，即出卖并不存在的东西，他也就是显然违反了正义。根据同样的理由，谁要是要求拿两件东西来偿还酒或小麦的借贷，即偿还等量的东西本身和它的使用权的代价，他就是干了不正当的勾当。这种勾当就叫做高利贷。

还有其他一些东西的使用并不在于消费那件东西本身；例如，

对于一所房屋的使用,在于居住其中而不在于把它毁掉。在这种情况下,使用权和那件东西本身是可以分别让与的;例如,有人把一所房屋的所有权让给另一个人,但自己保留着在那里居住一个时期的权利;或者,在另一方面,有人答应另一个人使用一所房屋,却自己保留它的所有权。因此,可以允许一个人接受一笔让与房屋使用权的代价,另外还可以允许他出售房屋本身的产权,像我们在出售和出租房屋的手续中所看到的那样。

按照亚里士多德在《伦理学》(第五篇,第五章)和《政治学》(第一篇,第三章)中的说法,货币主要是为了便利交换而发明出来的;所以,货币的真正的和主要的用处在于它在交换这一业务中的消费或支出。因此,由于这个缘故,接受一笔代价或金钱作为使用所借出的一宗款项的条件,乃是错误的。正如一个人必须归还他所非法取得的其他东西一样,他也必须归还他靠放高利贷获得的金钱。

(同上,第三节)

人类的不完备的状况往往产生这样的结果,那就是,如果一切罪恶都根据明文规定的刑罚分别加以惩处,则很多有益的事情也会受到阻碍;由于这个缘故,人法宽宥某些罪恶而不予惩罚。所以,人法容许高利贷,并非因为它仿佛认为这种行为是正当的,而是为了避免干预许多人的有益活动。我们在罗马法中读到:“无论根据自然的理由或社会的理由,在使用时所消费的东西并不产生用益权”;元老院并没有对这种东西给予用益权,它事实上也没有权力这样做;但由于容许高利贷,它倒确实规定了一种准用益权。

亚里士多德在根据自然的理由论证时，在《政治学》第一篇第三章中说，靠重利盘剥获得的金钱是完全违反自然的。

二十三、服从(第一百零四题)

服从是神法和自然法的一条箴规(第一条，结尾)

诸般自然动因的作用起源于自然力，同样地，人类的行动起源于人类的意志。在自然的作用中，高级的东西必须依靠上帝赋予它们的卓越的自然力来推动低级的东西。所以，在人类的事务中，地位较高的人必须依靠上帝所规定的权能来向地位较低的人贯彻自己的主张。可是，贯彻自己的见解和主张跟命令是同一回事。所以，像在上帝所建立的自然秩序中，低级的东西必须始终服从高级的东西的指示一样，在人类事务中，低级的人也必须按照自然法和神法所建立的秩序，服从地位比他们高的人。

服从的范围(同上，第五条)

我们已经说过，凡是按命令行事的人，都受那依据正义的责任实行指挥的人的意志的支配，正如自然界的万物都被那根据自然必然性对它们发生作用的东西所推动一样……同样地，一个臣民只能根据两种理由不必在任何事情上都服从他的上级的指挥。首先，依靠一个较高权力方面的命令。对于圣保罗的话语(《罗马人书》，第十三章，“抗拒的必自取刑罚”)所作的注释中说：“如果主管发出的命令同地方总督的命令相抵触，你是否应当执行？再说，如果地方总督的命令和皇帝的命令背道而驰，谁会不相信应当服从皇帝的命令而不服从地方总督的命令呢？所以，当皇帝的命令与上帝的命令有出入时，你就应当不顾前者而服从后者。”另一种情况可以允许那个臣民不必服从他的上级，那就是，如果后者对于他无权过问的事情发出命令的话。塞尼卡说（《论仁德》，第三篇，第二十章）：“如果认为可以奴役整个的人，那是错误的；因为人的最好的部分能够不受奴役。肉体是一个奴隶，并且受一个主人的支配，但精神却是自由的。”因此，在那些取决于意志的内在活动的事情上，人并无对人服从的义务，而只有对上帝才负有这种义务。固然，关于肉体的外在的活动方面，人必须对人服从；但即使在这里，即在与肉体的本性有关的事情上，他除应对上帝服从外，并不一定要对人服从，因为所有的人在天地间都是平等的。就维持肉体的存在和生儿育女而论，情况就是如此。所以在缔结婚姻或誓守贞操等问题上，奴隶毋需服从主人，子女也毋需服从父母。但是，在有关人类事务和行动的指挥问题上，一个臣民必须因其上级具有某种权威而服从他们：例如士兵在战争问题上服从他的将官；奴隶在分派给他的任务方面服从他的主人；儿子关于家庭生活的纪律和管理方面服从他的父亲，等等。

服从是一项宗教的义务（同上，第六条）

按照圣保罗的说法（《罗马人书》，第三章，第二十二节），基督教是正义的本原和始因：“神的正义通过信仰耶稣基督而给予一切信徒。”所以正义的正常状态并不由于人们信仰耶稣基督而遭到破坏，反而只会愈加巩固。正义的正常状态要求臣民服从他们的上级，否则在人类的事务中就不会有稳定的局面。因此，基督教并不使基督徒免除服从世俗君王的义务。

服从和基督教的自由（同上，第一节）

我们上面已经说过，一个人为此而受制于另一个人的奴隶状态，只存在于肉体方面而不存在于精神方面，因为精神始终是自由的。在这尘世的状态中，我们由于基督的恩惠得以在精神上没有缺陷，但不能避免肉体上的缺陷；我们从使徒保罗谈到自己的一番话里（《罗马人书》，第七章，第二十五节）知道，"他的内心服从神的法律，但他的肉体却服从罪恶的法律。"所以，那些依靠基督的恩惠成为上帝的儿子的人们，可以不受罪恶的精神上的奴役，但不能避免他们由此而受制于世俗主人的身体上的奴役；正如《提摩太前书》第六章第一节的注释中所说，"人人都受奴役的束缚"，等等。

公民们违抗命令的正当理由（同上，第三节）

人不得不按照正义的正常状态所要求的程度服从世俗的君主。因此，如果这种君主没有行使权力的正当权利，而是曾经篡夺了这种权利，或者如果他们命令人们做出不法的行为，他们的臣民就没有必要服从他们；也许有一些特殊的情况是例外，即如果这牵涉到避免物议或某种危险的问题。

彼得·朗巴德《嘉言录》诠释

第　二　篇

基督徒对世俗权力特别是暴君负有服从的义务(第四十四类,第二题,第二条)

一、据说基督徒不得不服从世俗的权力,特别是暴君。因为《马太福音》第十七章第二十五节里说:"既然如此,儿子就可以不受拘束了。"可是,如果在所有的国家,当今的君主的儿女可以不受拘束,那么,一切国王都要受其支配的上帝的儿女也应当可以不受拘束了。基督教徒已经成为上帝的儿女,像我们在《罗马人书》第八章第十六节里读到的:"圣灵与我们的心同证我们是神的儿女。"因此基督教徒到处都是不受拘束的,从而也就不必服从世俗的权力。

二、而且,我们已经指出,当初奴役是由罪孽产生的。但人们靠洗礼洗干净了罪孽。所以他们现在不受奴役的束缚。这样我们就得出同样的结论。

三、而且,一个较大的义务解除一个较小的义务,正如新法律解除了人们对旧法律的遵守一样。但人通过受洗礼而对上帝负有义务;这种义务的拘束力比一个人由于遭受奴役而对另一个人所承担的义务的拘束力来得大。所以人通过受洗礼而摆脱奴隶状态。

四、而且，如果有机会的话，任何人都可以收回别人非法地向他夺取的东西。可是许多世俗的君王已经横暴地占据了他们所统治的土地。所以，当叛乱的机会发生时，他们的臣民并无对他们服从的义务。

五、而且，对于一个可以允许杀死的甚或死有余辜的人，是不会有服从的义务的。西塞罗在《论义务》（第一篇，第二十六章）中为杀死恺撒的人辩护，即使他是他们的朋友和亲戚，因为他像一个僭主那样篡夺了王权。所以，对于这种人是没有服从的义务的。

可是，同上述论证相反的，有《彼得前书》（第二章，第十八节）的说法："你们作仆人的，凡事要存敬畏的心顺服主人，不但顺服那善良温和的，就是那乖僻的也要顺服。"还有《罗马人书》（第十三章，第二节）的说法："抗拒掌权的，就是抗拒神的命令。"既然抗拒神的命令是不允许的，所以抗拒世俗的权力也是不允许的。

解答。——我们必须注意，像上文已经说过的，在遵守某项规定的过程中，服从是与对于这种遵守所负的义务有关的。这种义务起源于带有拘束力的掌权者的命令，而拘束的范围则不仅以世俗的观点而且以宗教的观点为依据，并参照良心的要求，像圣保罗所说的（《罗马人书》，第十三章）；并且这是因为掌权者的命令起源于上帝，像这位使徒在同一段话里所说的那样。因此，对于基督教徒来说，服从的义务是这种权威来自上帝的结果，并随着这一情况的终止而终止。可是，我们已经说过，权威可能由于两种缘故不是从上帝方面得来的：或者是由于获得权威的方法，或者是由于对权威的用法。第一种情况可以从两方面产生。或者是由于本人有缺点，如果他不配得到那种地位的话；或者是由于获得权力的方法本身有缺点，如果，比如说，是通过暴力、买卖圣职或其他非法手段的话。第一种缺点并不严重到会妨碍合法权威的获得的程度；并且，既然权威总是从一个正式的观点、即从上帝（并由此产生服从的义务）而来的，他们的臣民就经常应当服从这样的上级，不论他们是多么不称。但第二种缺点却妨碍任何正当权威的建立；因为无论是谁，只要他依仗暴力据有权力，就并不真正成为领袖或主人。所以，在必要的时候，一个人是可以不承认这种权威的；除非是它后来经过公众的同意或较高权威的干预变成合法的权威。至于说到滥用权力的问题，这也可以从两个方面产生。第一，如果一个掌权者发出的命令违背了那个权威在当初被设立时所抱定的目的（例如，命令实行某种罪恶的行动或做出其种违反道德的行动，而建立权威的目的恰恰就在于保护和提倡道德）。在这种情况下，一个人不仅没有服从那个权威的义务，而且还不得不予以反抗，正如宁死不愿服从暴君乱命的神圣的殉道者所做的那样。第二，如果掌权的人所发的命令越出这种权威的权限；例如，一个主人要求一个仆人付出他不应支付的款项，以及其他相类的情况就是如此。在这种情况下，那个臣民有服从或反抗的自由。

所以，对于第一种反对的意见我们可以这样回答：为了受其支配的那些人的利益而建立的权威，是并不和他们的自由相抵触的；因此，对于那些蒙圣灵的恩惠变成上帝的儿子的人，不能因为他们服从那种恩惠的支配而有反对的理由。并且我们可以说，基督经常谈起他自己和他的门徒，因为他们既不处于屈从的地位，又没有任何世俗的财产需要为此向世俗的君王纳贡。所以我们不能由此推论，说所有的基督教徒都可以享受这种自由，而是只有那些仿效使徒的生活方式，既不处于屈从的地位又无财产的人才能有此自由。

关于第二种反对的意见，我们必须说明：洗礼并不免除我们最初的祖先的罪孽所引起的一切惩罚，例如不可避免的死亡、愚昧以及诸如此类的不幸。但是洗礼使人们心中产生强烈的希望，认为我们将来必然会过一种免于遭受这些惩罚的生活。所以，我们并不一定能够从一个人受洗礼这一事实得出结论，说他就此不再处于屈从地位，即使这是罪孽的结果。

对于第三种反对的意见，我们可以回答说：较大的义务并不免除较小的义务，除非二者是互不相容的，因为错误和真理不能并存；所以，随着福音书中的真理的出现，旧约时代的愚昧就消失了。可是，一个人在受洗礼时所承担的义务同屈从的义务并不矛盾，因而它并不能解除屈从的地位。

对于第四种反对的意见，我们可以回答说，那些靠暴力获得权力的人并非真正是统治者；因此他们的臣民，除在前面已经说过的那些情况下，可以不必服从他们。

关于第五种反对的意见，我们必须指出，西塞罗所说的情况是一个人凭借暴力占有了权力，他不是用权力来反对他的臣民的意志便是强迫他们同意他的主张，而在那个场合他们又不可能向一位能够裁判这种行动的较高级的掌权者申诉。在这种情况下，如果有人用杀死暴君的办法来解放他的国家，他是值得赞扬和奖赏的。

世俗权力与宗教权力的关系(同上,第四十四类,第三题,第四条)

宗教权力和世俗权力都是从神权得来的;因此世俗权力要受宗教权力的支配,如果这是由上帝如此规定的话;即在有关拯救灵魂的事情方面。在这些问题上,人们应先服从宗教权力,然后再服从世俗权力。可是,在有关社会福利的事情方面,应该服从的是世俗权力而不是宗教权力,因为按照《马太福音》(第二十二章,第二十一节)给我们的指示,"恺撒之物应归恺撒。"当然,除非是宗教权力和世俗权力集中在同一个人的身上,如集中在教皇身上,因为根据既为祭司又为国王的基督的启示,教皇的权力在世俗问题和宗教问题上都是至高无上的;而按照麦基洗德的规定,基督是永远的祭司,是万王之王和万主之主,他的权力必然不会丧失,他的统治权将永不消逝。亚门。

《尼各马可伦理学》诠释

第 一 篇

导言

亚里士多德在《形而上学》的开头教导说，贤人应尽的责任是把一切事务安排得有条有理。这个说法可以在这样的事实中求得解释，即：智慧是理智的尽善尽美的形态，而使万物具有条理的就是理性。事实上，虽然人们可以直接靠经验了解一些事物，可是只有智能或理性才能知道使一件事物与另一件事物联系起来的法则。万物中间可以发现两种法则。一种是把一个整体或一个集合体的各部分结合起来的法则；例如，存在于一所房屋的各部分之间的法则就是如此。另一种不同的法则存在于为某种共同的目的所结合起来的事物之间。后者这一法则是根本的，因而是比较重要的。像亚里士多德在《形而上学》第四篇中所指出的那样，一支军队不同部分的共通的法则是依靠那种使全军受其司令员的约束的法则而存在的。而且，法则可以从四种不同的方面加以考察。首先存在着这样一种法则，它不是理性的产物，而只是为理性所察验；例如宇宙的自然法则便是。其次是理性在思考的过程中所产生的法则；例如当理性按照彼此的关系整理它的概念以及同这些概念相应的语句时所产生的法则，就是属于这一类。第三种是理性在思考的过程中自然而然地产生的法则。最后存在着理性通过思考而在它所引起的那些外在事物中创造的第四种法则，像在制造一只箱子或建造一所房屋时所创造的那样。因为具有思考能力的理性是靠习惯来使自己臻于完善的，各种知识便从理性所应察验的这些不同的法则中发展起来。自然哲学与理性所察验的事物的法则有关，但并不加以创造；在这方面，我们必须把形而上学包括在自然哲学的类别之下。理性本身在思考的过程中所产生的法则属于理论哲学，它牵涉到论证的各部分的相互关系和它们中间的原理的法则，或与结论有关。在自动的行动中产生的法则属于伦理学的范围。最后，理性在人所创制的外在事物中产生的法则属于机械工艺的范围。所以，我们这里所谈到的伦理学的任务是研究人类的行动，只要这些行动彼此有关并抱有某种目的。应当注意的是，我们所处理的只是那些根据人自身的创造而从人类的意志出发的人类的行动。因为有某几种人类的行动并不怎样受意志或理性的支配，而是自发地发生的。例如身体的纯生长过程就是如此。严格地说，这种动作不能称为人类的行动，所以并不属于伦理学的讨论范围。自然哲学的目的是研究运动或运动的事物，而伦理学的目的是研究针对某一目标的人类的行动；或者说得更确切些，就是在人类抱有某种目的而自动地有所行动的范围内对人类进行研究。

还可以作进一步的考察。人天生是个营社会生活的动物——由于他有许多需要不能单靠自己的力量求得满足，他就不得不过社会生活——这一事实又必然产生另一个事实，即：人天生注定要构成一个使他能享受圆满生活的社会的一部分。这种社会生活的帮助对他来说有两层理由是必要的。首先,必须向他提供那些为维持生活所必需的东西。因此就有每个人构成其中一部分的家庭团体。我们大家都从我们的父母获得生命、食物和教育,并且一个家庭的各个成员都是像这样地用生活所需的东西互相支援的。但是,社会生活却能进一步使人达到人生的最高峰;不但能够生存,而且日子过得很圆满,幸福生活所必需的东西样样齐全。从这个意义来说,人成为其中一部分的政治社会不仅帮助他取得由一个国家的许多不同工业生产的这样一些物质福利,而且也帮助他求得精神上的幸福,例如在父母的训诫所无法控制的年轻人的任性受到公共权能的约束时就是如此。

但值得注意的是,这种表现为政治社会的统一或家庭的统一,只是一种体系上的统一而不是一种无条件的统一。因此,其中的组成部分所能具有的活动范围与整体的活动范围不同;正如在一支军队中,一个士兵可以做出那种对于全军来说并不合适的行动。同时,整体的活动范围并不适合它的任何部分;例如全军的总的作战行动就是如此,或者像划手的联合行动所造成的一艘船的动向那样。另一方面,还存在着这样一种整体,它不仅具有体系上的统一,而且也具有综合、集合或具体结合上的统一,这种统一可以称为绝对的统一。在这种情况下,各部分的任何行动没有不同时是属于整体的行动的。在连绵不断的事物方面,整体的动作事实上与部分的动作相等同。同样地,在一个合成体或聚合体方面,任何部分的行动主要是整体的行动。因此,对于部分的研究应当包括在对于整体的研究中。另一方面,如果把那只是对于体系上的统一的研究和对于构成整体的各部分的研究放在同一项目下进行,那是不对的。由于这个缘故，道德哲学应当分成三个部分。第一部分研究作为若干个人而注定要达到某种目的的人们，这叫作僧侣的部分。第二部分涉及家庭团体，称作经济的部分；而第三部分则研究公民社会的行动，称作政治的部分。

亚里士多德《政治学》诠释

第　一　篇

导言

正如亚里士多德在《物理学》第二篇中所教导的那样，人工模仿自然。其所以如此，是因为行动及其后果彼此所发生的关系与本原之间的关系一样。人类的智能是人工创造的一切事物的本原，而同时在某种意义上它本身又是从那作为自然之物的本原的神的智能产生的。所以人工的作品必然以自然的作品为蓝本，并且人工的方法是仿效人们在自然界所看到的方法的。当传授某种技术的老师正在创作一件东西的时候，向他学习的门徒如果留心观察他进行工作的方法，是会得到好处的；在行动上学习运用师傅的技巧，情况也是如此。所以，人类的智能既然从神的智能获得智慧的光辉，就必须从神的智能对于自然的构筑措施中取得灵感，并把那种措施看作自己的模范来加以仿效。所以亚里士多德说，如果要想顺利地用人工来创作存在于自然界的东西，那就必须按照自然本身的办法去做；反之，如果自然要想创造专门由人工创造的东西，它也会按照人工的方法去做的。然而，自然并不创造专门由人工创造的东西，而只是规定某些原则，并在某一点上给人工创作者提供一个范例。就人工而言，固然它能够看到那些可以在自然界发现的东西，并利用它们来完成它自己的工作，它却不能创造这类东西本身。由此可见，虽然理性不但能够认识而且还能制作人工制造的东西，它却只能认识自然之物。同样也可以推断，人类的研究自然之物的各门科学是纯理论性的；而与人所制造的东西有关的科学则在工作中模仿自然，它们是实用科学。自然在其工作过程中由简及繁；在由自然力产生的东西中间，比较复杂的东西是比较完善的，并造成其他东西的完整和效果。人们立刻可以从任何整体及其部分方面看到这一点。人类的有效理性也是由简及繁，像从不完全到完全一样。但是，既然人的理性不但必须处理与人有用的东西，而且因为它支配着人们的行动，还必须处理他们自身，所以它在这两种情况下都是由简及繁的。以能够满足人的需要的东西来说，例如当人们用木材造一只船或用木头和石头建筑一所房屋时，情况就是如此。以人的本身而论，例如当理性使许多个人组成的社会产生秩序时，就有这种情况。在这样的社会中间，存在着不同的种类和等级，其中最高等的是政治社会，它在安排上以满足人生的一切需要为目的，因而它是最完善的社会。既然一切能够满足人们需要的东西都以完成这一任务作为它们的目的，既然目的比那达到目的的手段更为重要，因此我们称之为城市的这个统一体就比人类的理性所能理解和构成的其他一切较小的统一体占据更优越的地位。根据我们对于亚里士多德在本书所阐述的政治理论的这些研究，我们可以得出四个结论。第一，关于这样一种学问的必要性。如果我们要使人类知识学或哲学达到完善的境地，我们就必须把凡是能够通过理性了解的一切东西解释清楚。可是我们称之为城市的那个统一体是受理性的审查的。因此，为了哲学的完整起见，我们有必要设立一个研究城市的学科；这样的学科就称为政治学或治世之学。理论科学与实用科学不同之处，在于理论科学仅以认识真理为目的，而实用科学则与行动有关。所以我们这个学问是实用科学；因为理智不仅了解而且创建城市。不但如此，理性可以用制造某种东西的方式（per modum factionis）或做某件事情的方式（per modum actionis）对事物发生作用：在前者的情况下，它的动作传给某种外在的材料，像我们在锻工和造船匠的机械工艺上所看到的那样；在后者的情况下，动作仍旧是动作者的内心活动，像我们在考虑、抉择、希望时所看到的那样，而这一切都是属于伦理学的范围。显而易见，政治学涉及人与人之间经过安排的关系，它属于行为或伦理学的领域，而不属于制造或施工术或机械工艺的领域。第三，与其他一切学科相比，我们可以特别提到政治学的崇高地位和价值。事实上，城市是人类的理性所构成的最重要的东西。因为它是一切比较小的社会的模仿对象和终极目的。而且，由机械工艺用与人有益的东西制成的所有那些成品，就它们的目的来说都是给人安排的。因此，如果最重要的学问乃是研讨最高尚、最完美的东西的学问，我们当然由此可以推断，政治学是一切实用科学中最重要的科学，并且是所有那些科学的枢纽；因为它所论述的是人类事务中最崇高的和十全十美的东西。由于这个缘故，亚里士多德在《伦理学》第十篇中说，考察人类事务的哲学在政治学中达到最成熟的阶段。第四，根据上述的一些理由，我们可以推断出这门学问的方法和体系。各种纯理论科学研究某一个统一体，通过观察它的各个部分和本质以及突现其整体的行动和变化这一办法来充分丰富它们的知识，而事实上政治学是以前述的同样的方式达到纯理论科学的地步的。所以，我们这门学问研究城市的本质和各个部分，从而通过阐明其种种因素、动向和变化这一办法来使我们对城市获得更多的知识。同时，既然它也是一门实用科学，它也向我们指出改善这种种因素的途径；因为这在每一门实用科学中都是必要的。

图书在版编目(CIP)数据

阿奎那政治著作选/(意)阿奎那著;马清槐译.—北京:商务印书馆,2017
(汉译世界学术名著丛书:120年纪念版:珍藏本)
ISBN 978-7-100-14476-6

Ⅰ.①阿… Ⅱ.①阿… ②马… Ⅲ.①托玛斯·阿奎那(Thomas, Aquinas, Saint 1225—1274)—哲学思想—研究 Ⅳ.①B503.21

中国版本图书馆CIP数据核字(2017)第153282号

权利保留,侵权必究。

汉译世界学术名著丛书
(120年纪念版·珍藏本)
阿奎那政治著作选
马清槐 译

商务印书馆出版
(北京王府井大街36号 邮政编码100710)
商务印书馆发行
北京新华印刷有限公司印刷
ISBN 978-7-100-14476-6

2017年12月第1版 开本 710×1000 1/16
2017年12月北京第1次印刷 印张 11¾
定价:58.00元